BIRMANÊS
VOCABULÁRIO

PALAVRAS MAIS ÚTEIS

PORTUGUÊS
BIRMANÊS

Para alargar o seu léxico e apurar
as suas competências linguísticas

5000 palavras

Vocabulário Português-Birmanês - 5000 palavras
Por Andrey Taranov

Os vocabulários da T&P Books destinam-se a ajudar a aprender, a memorizar, e a rever palavras estrangeiras. O dicionário é dividido em temas, cobrindo todas as principais esferas de atividades quotidianas, negócios, ciência, cultura, etc.

O processo de aprendizagem, utilizando os dicionários baseados em temáticas da T&P Books dá-lhe as seguintes vantagens:

- Informação de origem corretamente agrupada predetermina o sucesso em fases subsequentes da memorização de palavras
- Disponibilização de palavras derivadas da mesma raiz, o que permite a memorização de unidades de texto (em vez de palavras separadas)
- Pequenas unidades de palavras facilitam o processo de estabelecimento de vínculos associativos necessários para a consolidação do vocabulário
- O nível de conhecimento da língua pode ser estimado pelo número de palavras aprendidas

Copyright © 2019 T&P Books Publishing

Todos os direitos reservados. Nenhuma parte desta publicação pode ser reproduzida, total ou parcialmente, por quaisquer métodos ou processos, sejam eles eletrónicos, mecânicos, de fotocópia ou outros, sem a autorização escrita do editor. Esta publicação não pode ser divulgada, copiada ou distribuída em nenhum formato.

T&P Books Publishing
www.tpbooks.com

ISBN: 978-1-83955-055-3

Este livro também está disponível em formato E-book.
Por favor visite www.tpbooks.com ou as principais livrarias on-line.

VOCABULÁRIO BIRMANÊS
palavras mais úteis

Os vocabulários da T&P Books destinam-se a ajudar a aprender, a memorizar, e a rever palavras estrangeiras. O vocabulário contém mais de 5000 palavras de uso comum organizadas tematicamente.

O vocabulário contém as palavras mais comummente usadas
Recomendado como adicional para qualquer curso de línguas
Satisfaz as necessidades dos iniciados e dos alunos avançados de línguas estrangeiras
Conveniente para o uso diário, sessões de revisão e atividades de auto-teste
Permite avaliar o seu vocabulário

Características especias do vocabulário

- As palavras estão organizadas de acordo com o seu significado, e não por ordem alfabética
- As palavras são apresentadas em três colunas para facilitar os processos de revisão e auto-teste
- As palavras compostas são divididas em pequenos blocos para facilitar o processo de aprendizagem
- O vocabulário oferece uma transcrição simples e adequada de cada palavra estrangeira

O vocabulário contém 155 tópicos incluindo:

Conceitos básicos, Números, Cores, Meses, Estações do ano, Unidades de medida, Roupas & Acessórios, Alimentos & Nutrição, Restaurante, Membros da Família, Parentes, Caráter, Sentimentos, Emoções, Doenças, Cidade, Passeios, Compras, Dinheiro, Casa, Lar, Escritório, Trabalho no Escritório, Importação & Exportação, Marketing, Pesquisa de Emprego, Desportos, Educação, Computador, Internet, Ferramentas, Natureza, Países, Nacionalidades e muito mais ...

TABELA DE CONTEÚDOS

Guia de pronunciação   9
Abreviaturas   10

CONCEITOS BÁSICOS   11
Conceitos básicos. Parte 1   11

1. Pronomes   11
2. Cumprimentos. Saudações. Despedidas   11
3. Como se dirigir a alguém   12
4. Números cardinais. Parte 1   12
5. Números cardinais. Parte 2   13
6. Números ordinais   14
7. Números. Frações   14
8. Números. Operações básicas   14
9. Números. Diversos   15
10. Os verbos mais importantes. Parte 1   15
11. Os verbos mais importantes. Parte 2   16
12. Os verbos mais importantes. Parte 3   17
13. Os verbos mais importantes. Parte 4   18
14. Cores   19
15. Questões   19
16. Preposições   20
17. Palavras funcionais. Advérbios. Parte 1   20
18. Palavras funcionais. Advérbios. Parte 2   22

Conceitos básicos. Parte 2   24

19. Dias da semana   24
20. Horas. Dia e noite   24
21. Meses. Estações   25
22. Unidades de medida   27
23. Recipientes   28

O SER HUMANO   29
O ser humano. O corpo   29

24. Cabeça   29
25. Corpo humano   30

Vestuário & Acessórios   31

26. Roupa exterior. Casacos   31
27. Vestuário de homem & mulher   31

28. Vestuário. Roupa interior	32
29. Adereços de cabeça	32
30. Calçado	32
31. Acessórios pessoais	33
32. Vestuário. Diversos	33
33. Cuidados pessoais. Cosméticos	34
34. Relógios de pulso. Relógios	35

Alimentação. Nutrição	**36**
35. Comida	36
36. Bebidas	37
37. Vegetais	38
38. Frutos. Nozes	39
39. Pão. Bolaria	40
40. Pratos cozinhados	40
41. Especiarias	41
42. Refeições	42
43. Por a mesa	43
44. Restaurante	43

Família, parentes e amigos	**44**
45. Informação pessoal. Formulários	44
46. Membros da família. Parentes	44

Medicina	**46**
47. Doenças	46
48. Sintomas. Tratamentos. Parte 1	47
49. Sintomas. Tratamentos. Parte 2	48
50. Sintomas. Tratamentos. Parte 3	49
51. Médicos	50
52. Medicina. Drogas. Acessórios	50

HABITAT HUMANO	**52**
Cidade	**52**
53. Cidade. Vida na cidade	52
54. Instituições urbanas	53
55. Sinais	54
56. Transportes urbanos	55
57. Turismo	56
58. Compras	57
59. Dinheiro	58
60. Correios. Serviço postal	59

Moradia. Casa. Lar	**60**
61. Casa. Eletricidade	60

62. Moradia. Mansão	60
63. Apartamento	60
64. Mobiliário. Interior	61
65. Quarto de dormir	62
66. Cozinha	62
67. Casa de banho	63
68. Eletrodomésticos	64

ATIVIDADES HUMANAS	65
Emprego. Negócios. Parte 1	65
69. Escritório. O trabalho no escritório	65
70. Processos negociais. Parte 1	66
71. Processos negociais. Parte 2	67
72. Produção. Trabalhos	68
73. Contrato. Acordo	69
74. Importação & Exportação	70
75. Finanças	70
76. Marketing	71
77. Publicidade	72
78. Banca	72
79. Telefone. Conversação telefónica	73
80. Telefone móvel	74
81. Estacionário	74
82. Tipos de negócios	75

Emprego. Negócios. Parte 2	77
83. Espetáculo. Feira	77
84. Ciência. Investigação. Cientistas	78

Profissões e ocupações	80
85. Procura de emprego. Demissão	80
86. Gente de negócios	80
87. Profissões de serviços	81
88. Profissões militares e postos	82
89. Oficiais. Padres	83
90. Profissões agrícolas	83
91. Profissões artísticas	84
92. Várias profissões	84
93. Ocupações. Estatuto social	86

Educação	87
94. Escola	87
95. Colégio. Universidade	88
96. Ciências. Disciplinas	89
97. Sistema de escrita. Ortografia	89
98. Línguas estrangeiras	90

Descanso. Entretenimento. Viagens 92

99. Viagens 92
100. Hotel 92

EQUIPAMENTO TÉCNICO. TRANSPORTES 94
Equipamento técnico. Transportes 94

101. Computador 94
102. Internet. E-mail 95
103. Eletricidade 96
104. Ferramentas 96

Transportes 99

105. Avião 99
106. Comboio 100
107. Barco 101
108. Aeroporto 102

Eventos 104

109. Férias. Evento 104
110. Funerais. Enterro 105
111. Guerra. Soldados 105
112. Guerra. Ações militares. Parte 1 107
113. Guerra. Ações militares. Parte 2 108
114. Armas 109
115. Povos da antiguidade 111
116. Idade média 112
117. Líder. Chefe. Autoridades 113
118. Viloação da lei. Criminosos. Parte 1 114
119. Viloação da lei. Criminosos. Parte 2 115
120. Polícia. Lei. Parte 1 116
121. Polícia. Lei. Parte 2 118

NATUREZA 120
A Terra. Parte 1 120

122. Espaço sideral 120
123. A Terra 121
124. Pontos cardeais 122
125. Mar. Oceano 122
126. Nomes de Mares e Oceanos 123
127. Montanhas 124
128. Nomes de montanhas 125
129. Rios 125
130. Nomes de rios 126
131. Floresta 126
132. Recursos naturais 127

A Terra. Parte 2	129
133. Tempo	129
134. Tempo extremo. Catástrofes naturais	130

Fauna	131
135. Mamíferos. Predadores	131
136. Animais selvagens	131
137. Animais domésticos	132
138. Pássaros	133
139. Peixes. Animais marinhos	135
140. Amfíbios. Répteis	135
141. Insetos	136

Flora	137
142. Árvores	137
143. Arbustos	137
144. Frutos. Bagas	138
145. Flores. Plantas	139
146. Cereais, grãos	140

PAÍSES. NACIONALIDADES	141
147. Europa Ocidental	141
148. Europa Central e de Leste	141
149. Países da ex-URSS	142
150. Asia	142
151. América do Norte	143
152. América Central do Sul	143
153. Africa	144
154. Austrália. Oceania	144
155. Cidades	144

GUIA DE PRONUNCIAÇÃO

Comentários

O MLC Transcription System (MLCTS) é usado como uma transcrição neste livro.
Uma descrição deste sistema pode ser encontrada aqui:
https://en.wiktionary.org/wiki/Wiktionary:Burmese_transliteration
https://en.wikipedia.org/wiki/MLC_Transcription_System

ABREVIATURAS
usadas no vocabulário

Abreviaturas do Português

adj	-	adjetivo
adv	-	advérbio
anim.	-	animado
conj.	-	conjunção
desp.	-	desporto
etc.	-	etecetra
ex.	-	por exemplo
f	-	nome feminino
f pl	-	feminino plural
fem.	-	feminino
inanim.	-	inanimado
m	-	nome masculino
m pl	-	masculino plural
m, f	-	masculino, feminino
masc.	-	masculino
mat.	-	matemática
mil.	-	militar
pl	-	plural
prep.	-	preposição
pron.	-	pronome
sb.	-	sobre
sing.	-	singular
v aux	-	verbo auxiliar
vi	-	verbo intransitivo
vi, vt	-	verbo intransitivo, transitivo
vr	-	verbo reflexivo
vt	-	verbo transitivo

CONCEITOS BÁSICOS

Conceitos básicos. Parte 1

1. Pronomes

eu	ကျွန်	kjunou'
tu	သင်	thin
ele	သူ	thu
ela	သူမ	thu ma.
nós (masc.)	ကျွန်တော်တို့	kjun do. dou.
nós (fem.)	ကျွန်မတို့	kjun ma. tou.
vocês	သင်တို့	thin dou.
você (sing.)	သင်	thin
você (pl)	သင်တို့	thin dou.
eles	သူတို့	thu dou.
elas	သူမတို့	thu ma. dou.

2. Cumprimentos. Saudações. Despedidas

Olá!	မင်္ဂလာပါ	min ga. la ba
Bom dia! (formal)	မင်္ဂလာပါ	min ga. la ba
Bom dia! (de manhã)	မင်္ဂလာနံနက်ခင်းပါ	min ga. la nan ne' gin: ba
Boa tarde!	မင်္ဂလာနေ့လယ်ခင်းပါ	min ga. la nei. le gin: ba
Boa noite!	မင်္ဂလာညနေခင်းပါ	min ga. la nja nei gin: ba
cumprimentar (vt)	နှုတ်ဆက်သည်	hnou' hsei' te
Olá!	ဟိုင်း	hain:
saudação (f)	ဟလို	ha. lou
saudar (vt)	နှုတ်ဆက်သည်	hnou' hsei' te
Como vai?	နေကောင်းပါသလား	nei gaun: ba dha la:
Como vais?	အဆင်ပြေလား	ahsin bjei la:
O que há de novo?	ဘာထူးသေးလဲ	ba du: dei: le:
Até à vista!	နောက်မှတွေ့ကြမယ်	nau' hma. dwei. gja. me
Adeus! (formal)	ဂွတ်ဘိုင်	gu' bain
Até à vista! (informal)	တာ့တာ	ta. da
Até breve!	မကြာခင်ပြန်ဆုံကြမယ်	ma gja. gin bjan zoun gja. me
Adeus!	နှုတ်ဆက်ပါတယ်	hnou' hsei' pa de
despedir-se (vr)	နှုတ်ဆက်သည်	hnou' hsei' te
Até logo!	တာ့တာ	ta. da
Obrigado! -a!	ကျေးဇူးတင်ပါတယ်	kjei: zu: din ba de
Muito obrigado! -a!	ကျေးဇူးအများကြီးတင်ပါတယ်	kjei: zu: amja: kji: din ba de

De nada	ရပါတယ်	ja. ba de
Não tem de quê	ကိစ္စမရှိပါဘူး	kei. sa ma. shi. ba bu:
De nada	ရပါတယ်	ja. ba de
Desculpa!	ဆောရီးနော်	hso: ji: no:
Desculpe!	တောင်းပန်ပါတယ်	thaun: ban ba de
desculpar (vt)	ခွင့်လွှတ်သည်	khwin. hlu' te
desculpar-se (vr)	တောင်းပန်သည်	thaun: ban de
As minhas desculpas	တောင်းပန်ပါတယ်	thaun: ban ba de
Desculpe!	ခွင့်လွှတ်ပါ	khwin. hlu' pa
perdoar (vt)	ခွင့်လွှတ်သည်	khwin. hlu' te
Não faz mal	ကိစ္စမရှိပါဘူး	kei. sa ma. shi. ba bu:
por favor	ကျေးဇူးပြု၍	kjei: zu: pju. i.
Não se esqueça!	မမေ့ပါနဲ့	ma. mei. ba ne.
Certamente! Claro!	ရတာပေါ့	ja. da bo.
Claro que não!	မဟုတ်တာသေချာတယ်	ma hou' ta dhei gja de
Está bem! De acordo!	သဘောတူတယ်	dhabo: tu de
Basta!	တော်ပြီ	to bji

3. Como se dirigir a alguém

Desculpe (para chamar a atenção)	ခွင့်ပြုပါ	khwin. bju. ba
senhor	ဦး	u:
senhora	ဒေါ်	do
rapariga	မိန်းကလေး	mein: ga. lei:
rapaz	လူငယ်	lu nge
menino	ကောင်ကလေး	keaagkle:
menina	ကောင်မလေး	kaun ma. lei:

4. Números cardinais. Parte 1

zero	သုည	thoun nja.
um	တစ်	ti'
dois	နှစ်	hni'
três	သုံး	thoun:
quatro	လေး	lei:
cinco	ငါး	nga:
seis	ခြောက်	chau'
sete	ခုနှစ်	khun hni'
oito	ရှစ်	shi'
nove	ကိုး	kou:
dez	တစ်ဆယ်	ti' hse
onze	တစ်ဆယ့်တစ်	ti' hse. ti'
doze	တစ်ဆယ့်နှစ်	ti' hse. hni'
treze	တစ်ဆယ့်သုံး	ti' hse. thoun:
catorze	တစ်ဆယ့်လေး	ti' hse. lei:
quinze	တစ်ဆယ့်ငါး	ti' hse. nga:

dezasseis	တစ်ဆယ့်ခြောက်	ti' hse. khau'
dezassete	တစ်ဆယ့်ခုနစ်	ti' hse. khu ni'
dezoito	တစ်ဆယ့်ရှစ်	ti' hse. shi'
dezanove	တစ်ဆယ့်ကိုး	ti' hse. gou:
vinte	နှစ်ဆယ်	hni' hse
vinte e um	နှစ်ဆယ်တစ်	hni' hse. ti'
vinte e dois	နှစ်ဆယ့်နှစ်	hni' hse. hni'
vinte e três	နှစ်ဆယ့်သုံး	hni' hse. thuan:
trinta	သုံးဆယ်	thoun: ze
trinta e um	သုံးဆယ့်တစ်	thoun: ze. di'
trinta e dois	သုံးဆယ့်နှစ်	thoun: ze. hni'
trinta e três	သုံးဆယ့်သုံး	thoun: ze. dhoun:
quarenta	လေးဆယ်	lei: hse
quarenta e um	လေးဆယ့်တစ်	lei: hse. ti'
quarenta e dois	လေးဆယ့်နှစ်	lei: hse. hni'
quarenta e três	လေးဆယ့်သုံး	lei: hse. thaun:
cinquenta	ငါးဆယ်	nga: ze
cinquenta e um	ငါးဆယ့်တစ်	nga: ze di'
cinquenta e dois	ငါးဆယ့်နှစ်	nga: ze hni'
cinquenta e três	ငါးဆယ့်သုံး	nga: ze dhoun:
sessenta	ခြောက်ဆယ်	chau' hse
sessenta e um	ခြောက်ဆယ့်တစ်	chau' hse. di'
sessenta e dois	ခြောက်ဆယ့်နှစ်	chau' hse. hni'
sessenta e três	ခြောက်ဆယ့်သုံး	chau' hse. dhoun:
setenta	ခုနစ်ဆယ်	khun hni' hse.
setenta e um	ခုနစ်ဆယ့်တစ်	qunxcy•tx
setenta e dois	ခုနစ်ဆယ့်နှစ်	khun hni' hse. hni
setenta e três	ခုနစ်ဆယ့်သုံး	khu. ni' hse. dhoun:
oitenta	ရှစ်ဆယ်	shi' hse
oitenta e um	ရှစ်ဆယ့်တစ်	shi' hse. ti'
oitenta e dois	ရှစ်ဆယ့်နှစ်	shi' hse. hni'
oitenta e três	ရှစ်ဆယ့်သုံး	shi' hse. dhun:
noventa	ကိုးဆယ်	kou: hse
noventa e um	ကိုးဆယ့်တစ်	kou: hse. ti'
noventa e dois	ကိုးဆယ့်နှစ်	kou: hse. hni'
noventa e três	ကိုးဆယ့်သုံး	kou: hse. dhaun:

5. Números cardinais. Parte 2

cem	တစ်ရာ	ti' ja
duzentos	နှစ်ရာ	hni' ja
trezentos	သုံးရာ	thoun; ja
quatrocentos	လေးရာ	lei: ja
quinhentos	ငါးရာ	nga: ja
seiscentos	ခြောက်ရာ	chau' ja
setecentos	ခုနစ်ရာ	khun hni' ja

oitocentos	ရှစ်ရာ	shi' ja
novecentos	ကိုးရာ	kou: ja
mil	တစ်ထောင်	ti' htaun
dois mil	နှစ်ထောင်	hni' taun
De quem são ...?	သုံးထောင်	thoun: daun
dez mil	တစ်သောင်း	ti' thaun:
cem mil	တစ်သိန်း	ti' thein:
um milhão	တစ်သန်း	ti' than:
mil milhões	ဘီလီယံ	bi li jan

6. Números ordinais

primeiro	ပထမ	pahtama.
segundo	ဒုတိယ	du. di. ja.
terceiro	တတိယ	tati. ja.
quarto	စတုတ္ထ	zadou' hta.
quinto	ပဉ္စမ	pjin sama.
sexto	ဆဌမ	hsa. htama.
sétimo	သတ္တမ	tha' tama.
oitavo	အဌမ	a' htama.
nono	နဝမ	na. wa. ma.
décimo	ဒသမ	da dha ma

7. Números. Frações

fração (f)	အပိုင်းကိန်း	apain: gein:
um meio	နှစ်ပိုင်းတစ်ပိုင်း	hni' bain: di' bain:
um terço	သုံးပိုင်းတစ်ပိုင်း	thoun: bain: di' bain:
um quarto	လေးပိုင်းတစ်ပိုင်း	lei: bain: ti' pain:
um oitavo	ရှစ်ပိုင်းတစ်ပိုင်း	shi' bain: di' bain:
um décimo	ဆယ်ပိုင်းတစ်ပိုင်း	hse bain: da' bain:
dois terços	သုံးပိုင်းနှစ်ပိုင်း	thoun: bain: hni' bain:
três quartos	လေးပိုင်းသုံးပိုင်း	lei: bain: dhoun: bain:

8. Números. Operações básicas

subtração (f)	နုတ်ခြင်း	nou' khjin:
subtrair (vi, vt)	နုတ်သည်	nou' te
divisão (f)	စားခြင်း	sa: gjin:
dividir (vt)	စားသည်	sa: de
adição (f)	ပေါင်းခြင်း	paun: gjin:
somar (vt)	ပေါင်းသည်	paun: de
adicionar (vt)	ထပ်ပေါင်းသည်	hta' paun: de
multiplicação (f)	မြှောက်ခြင်း	hmjau' chin:
multiplicar (vt)	မြှောက်သည်	hmjau' de

9. Números. Diversos

Português	Birmanês	Pronúncia
algarismo, dígito (m)	ကိန်းဂဏန်း	kein: ga nan:
número (m)	ကိန်း	kein:
numeral (m)	ဂဏန်းအက္ခရာ	ganan: e' kha ja
menos (m)	အနုတ်	ahnou'
mais (m)	အပေါင်း	apaun:
fórmula (f)	ပုံသေနည်း	poun dhei ne:
cálculo (m)	တွက်ချက်ခြင်း	twe' che' chin:
contar (vt)	ရေတွက်သည်	jei dwe' te
calcular (vt)	ရေတွက်သည်	jei dwe' te
comparar (vt)	နှိုင်းယှဉ်သည်	hnain: shin de
Quanto, -os, -as?	ဘယ်လောက်လဲ	be lau' le:
soma (f)	ပေါင်းလဒ်	paun: la'
resultado (m)	ရလဒ်	jala'
resto (m)	အကြွင်း	akjwin:
alguns, algumas ...	အချို့	achou.
um pouco de ...	အနည်းငယ်	ane: nge
poucos, -as (~ pessoas)	အနည်းငယ်	ane: nge
resto (m)	ကျန်သော	kjan de.
um e meio	တစ်ခုခွဲ	ti' khu. khwe:
dúzia (f)	ဒါဇင်	da zin
ao meio	တစ်ဝက်စီ	ti' we' si
em partes iguais	ညီတူညီမျှ	nji du nji hmja.
metade (f)	တစ်ဝက်	ti' we'
vez (f)	ကြိမ်	kjein

10. Os verbos mais importantes. Parte 1

Português	Birmanês	Pronúncia
abrir (vt)	ဖွင့်သည်	hpwin. de
acabar, terminar (vt)	ပြီးသည်	pji: de
aconselhar (vt)	အကြံပေးသည်	akjan bei: de
adivinhar (vt)	မှန်းဆသည်	hman za de
advertir (vt)	သတိပေးသည်	dhadi. pei: de
ajudar (vt)	ကူညီသည်	ku nji de
almoçar (vi)	နေ့လယ်စာစားသည်	nei. le za za de
alugar (~ um apartamento)	ငှားသည်	hnga: de
amar (vt)	ချစ်သည်	chi' te
ameaçar (vt)	ခြိမ်းခြောက်သည်	chein: gjau' te
anotar (escrever)	ရေးထားသည်	jei: da: de
apanhar (vt)	ဖမ်းသည်	hpan: de
apressar-se (vr)	လောသည်	lo de
arrepender-se (vr)	နောင်တရသည်	naun da. ja. de
assinar (vt)	လက်မှတ်ထိုးသည်	le' hma' htou: de
atirar, disparar (vi)	ပစ်သည်	pi' te
brincar (vi)	စနောက်သည်	sanau' te

Português	Birmanês	Transliteração
brincar, jogar (crianças)	ကစားသည်	gaza: de
buscar (vt)	ရှာသည်	sha de
caçar (vi)	အမဲလိုက်သည်	ame: lai' de
cair (vi)	ကျဆင်းသည်	kja zin: de
cavar (vt)	တူးသည်	tu: de
cessar (vt)	ရပ်သည်	ja' te
chamar (~ por socorro)	ခေါ်သည်	kho de
chegar (vi)	ရောက်သည်	jau' te
chorar (vi)	ငိုသည်	ngou de
começar (vt)	စတင်သည်	sa. tin de
comparar (vt)	နှိုင်းယှဉ်သည်	hnain: shin de
compreender (vt)	နားလည်သည်	na: le de
concordar (vi)	သဘောတူသည်	dhabo: tu de
confiar (vt)	ယုံကြည်သည်	joun kji de
confundir (equivocar-se)	ရောထွေးသည်	jo: dwei: de
conhecer (vt)	သိသည်	thi. de
contar (fazer contas)	ရေတွက်သည်	jei dwe' te
contar com (esperar)	အားကိုးသည်	a: kou: de
continuar (vt)	ဆက်လုပ်သည်	hse' lou' te
controlar (vt)	ထိန်းချုပ်သည်	htein: gjou' te
convidar (vt)	ဖိတ်သည်	hpi' de
correr (vi)	ပြေးသည်	pjei: de
criar (vt)	ဖန်တီးသည်	hpan di: de
custar (vt)	ကုန်ကျသည်	koun kja de

11. Os verbos mais importantes. Parte 2

Português	Birmanês	Transliteração
dar (vt)	ပေးသည်	pei: de
dar uma dica	အရိပ်အမြွက်ပေးသည်	aji' ajmwe' pei: de
decorar (enfeitar)	အလှဆင်သည်	ahla. zin dhe
defender (vt)	ကာကွယ်သည်	ka gwe de
deixar cair (vt)	ဖြုတ်ချသည်	hpjou' cha. de
descer (para baixo)	ဆင်းသည်	hsin: de
desculpar (vt)	ခွင့်လွှတ်သည်	khwin. hlu' te
desculpar-se (vr)	တောင်းပန်သည်	thaun: ban de
dirigir (~ uma empresa)	ညွှန်ကြားသည်	hnjun gja: de
dizer (vt)	ပြောသည်	pjo: de
duvidar (vt)	သံသယဖြစ်သည်	than thaja. bji' te
encontrar (achar)	ရှာတွေ့သည်	sha dwei. de
enganar (vt)	လိမ်ပြောသည်	lain bjo: de
entrar (na sala, etc.)	ဝင်သည်	win de
enviar (uma carta)	ပို့သည်	pou. de
errar (equivocar-se)	မှားသည်	hma: de
escolher (vt)	ရွေးသည်	jwei: de
esconder (vt)	ဖုံးကွယ်သည်	hpoun: gwe de
escrever (vt)	ရေးသည်	jei: de
esperar (o autocarro, etc.)	စောင့်သည်	saun. de

esperar (ter esperança)	မျှော်လင့်သည်	hmjo. lin. de
esquecer (vt)	မေ့သည်	mei. de
estar (vi)	ဖြစ်နေသည်	hpji' nei de
estudar (vt)	သင်ယူလေ့လာသည်	thin ju lei. la de
exigir (vt)	တိုက်တွန်းသည်	tai' tun: de
existir (vi)	တည်ရှိသည်	ti shi. de

explicar (vt)	ရှင်းပြသည်	shin: bja. de
falar (vi)	ပြောသည်	pjo: de
faltar (clases, etc.)	ပျက်ကွက်သည်	pje' kwe' te
fazer (vt)	ပြုလုပ်သည်	pju. lou' te
ficar em silêncio	နှုတ်ဆိတ်သည်	hnou' hsei' te
gabar-se, jactar-se (vr)	ကြားသည်	kjwa: de

gostar (apreciar)	ကြိုက်သည်	kjai' de
gritar (vi)	အော်သည်	o de
guardar (cartas, etc.)	ထိန်းထားသည်	htein: da: de
informar (vt)	အကြောင်းကြားသည်	akjaun: kja: de
insistir (vi)	တိုက်တွန်းပြောဆိုသည်	tou' tun: bjo: zou de

insultar (vt)	စော်ကားသည်	so ga: de
interessar-se (vr)	စိတ်ဝင်စားသည်	sei' win za: de
ir (a pé)	သွားသည်	thwa: de
ir nadar	ရေကူးသည်	jei ku: de
jantar (vi)	ညစာစားသည်	nja. za za: de

12. Os verbos mais importantes. Parte 3

ler (vt)	ဖတ်သည်	hpa' te
libertar (cidade, etc.)	လွတ်မြောက်စေသည်	lu' mjau' sei de
matar (vt)	သတ်သည်	tha' te
mencionar (vt)	ဖော်ပြသည်	hpjo bja. de
mostrar (vt)	ပြသည်	pja. de

mudar (modificar)	ပြောင်းလဲသည်	pjaun: le: de
nadar (vi)	ရေကူးသည်	jei ku: de
negar-se a ...	ငြင်းဆန်သည်	njin: zan de
objetar (vt)	ငြင်းသည်	njin: de

observar (vt)	စောင့်ကြည့်သည်	saun. gji. de
ordenar (mil.)	အမိန့်ပေးသည်	amin. bei: de
ouvir (vt)	ကြားသည်	ka: de
pagar (vt)	ပေးရွေသည်	pei: gjei de
parar (vi)	ရပ်သည်	ja' te

participar (vi)	ပါဝင်သည်	pa win de
pedir (comida)	မှာသည်	hma de
pedir (um favor, etc.)	တောင်းဆိုသည်	taun: hsou: de
pegar (tomar)	ယူသည်	ju de
pensar (vt)	ထင်သည်	htin de

perceber (ver)	သတိထားမိသည်	dhadi. da: mi. de
perdoar (vt)	ခွင့်လွှတ်သည်	khwin. hlu' te
perguntar (vt)	မေးသည်	mei: de

| permitir (vt) | ခွင့်ပြုသည် | khwin bju. de |
| pertencer a ... | ပိုင်ဆိုင်သည် | pain zain de |

planear (vt)	စီစဉ်သည်	si zin de
poder (vi)	တတ်နိုင်သည်	ta' nain de
possuir (vt)	ပိုင်ဆိုင်သည်	pain zain de
preferir (vt)	ပိုကြိုက်သည်	pou gjai' te
preparar (vt)	ချက်ပြုတ်သည်	che' pjou' te

prever (vt)	ကြိုမြင်သည်	kjou mjin de
prometer (vt)	ကတိပေးသည်	gadi pei: de
pronunciar (vt)	အသံထွက်သည်	athan dwe' te
propor (vt)	အဆိုပြုသည်	ahsou bju. de
punir (castigar)	အပြစ်ပေးသည်	apja' pei: de

13. Os verbos mais importantes. Parte 4

quebrar (vt)	ဖျက်ဆီးသည်	hpje' hsi: de
queixar-se (vr)	တိုင်ကြားသည်	tain bjo: de
querer (desejar)	လိုချင်သည်	lou gjin de
recomendar (vt)	အကြံပြုထောက်ခံသည်	akjan pju htau' khan de
repetir (dizer outra vez)	ထပ်လုပ်သည်	hta' lou' te

repreender (vt)	ဆူသည်	hsu. de
reservar (~ um quarto)	မှာသည်	hma de
responder (vt)	ဖြေသည်	hpjei de
rezar, orar (vi)	ဆုတောင်းသည်	shi. gou: de
rir (vi)	ရယ်သည်	je de

roubar (vt)	ခိုးသည်	khou: de
saber (vt)	သိသည်	thi. de
sair (~ de casa)	ထွက်သည်	htwe' te
salvar (vt)	ကယ်ဆယ်သည်	ke ze de
seguir ...	လိုက်သည်	lai' te

sentar-se (vr)	ထိုင်သည်	htain de
ser (vi)	ဖြစ်သည်	hpji' te
ser necessário	အလိုရှိသည်	alou' shi. de
significar (vt)	ဆိုလိုသည်	hsou lou de

sorrir (vi)	ပြုံးသည်	pjoun: de
subestimar (vt)	လျှော့တွက်သည်	sho. dwe' de
surpreender-se (vr)	အံ့သြသည်	an. o. de
tentar (vt)	စမ်းတင့်သည်	san: kji. de

ter (vt)	ရှိသည်	shi. de
ter fome	ဗိုက်ဆာသည်	bai' hsa de
ter medo	ကြောက်သည်	kjau' te
ter sede	ရေဆာသည်	jei za de

tocar (com as mãos)	ကိုင်သည်	kain de
tomar o pequeno-almoço	နံနက်စာစားသည်	nan ne' za za: de
trabalhar (vi)	အလုပ်လုပ်သည်	alou' lou' te
traduzir (vt)	ဘာသာပြန်သည်	ba dha bjan de

vender (vt)	ရောင်းသည်	jaun: de
ver (vt)	မြင်သည်	mjin de
virar (ex. ~ à direita)	ကွေ့သည်	kwei. de
voar (vi)	ပျံသန်းသည်	pjan dan: de

14. Cores

cor (f)	အရောင်	ajaun
matiz (m)	အသွေးအဆင်း	athwei: ahsin:
tom (m)	အရောင်အသွေး	ajaun athwei;
arco-íris (m)	သက်တံ့	the' tan
branco	အဖြူရောင်	ahpju jaun
preto	အနက်ရောင်	ane' jaun
cinzento	မဲရောင်	khe: jaun
verde	အစိမ်းရောင်	asain: jaun
amarelo	အဝါရောင်	awa jaun
vermelho	အနီရောင်	ani jaun
azul	အပြာရောင်	apja jaun
azul claro	အပြာနုရောင်	apja nu. jaun
rosa	ပန်းရောင်	pan: jaun
laranja	လိမ္မော်ရောင်	limmo jaun
violeta	ခရမ်းရောင်	khajan: jaun
castanho	အညိုရောင်	anjou jaun
dourado	ရွှေရောင်	shwei jaun
prateado	ငွေရောင်	ngwei jaun
bege	ဝါညိုနုရောင်	wa njou nu. jaun
creme	နို့နှစ်ရောင်	nou. hni' jaun
turquesa	စိမ်းပြာရောင်	sein: bja jaun
vermelho cereja	ချယ်ရီရောင်	che ji jaun
lilás	ခရမ်းဖျော့ရောင်	khajan: bjo. jaun
carmesim	ကြက်သွေးရောင်	kje' thwei: jaun
claro	အရောင်ဖျော့သော	ajaun bjo. de.
escuro	အရောင်ရင့်သော	ajaun jin. de.
vivo	တောက်ပသော	tau' pa. de.
de cor	အရောင်ရှိသော	ajaun shi. de.
a cores	ရောင်စုံ	jau' soun
preto e branco	အဖြူအမည်း	ahpju ame:
unicolor	တစ်ရောင်တည်းရှိသော	ti' jaun te: shi. de.
multicor	အရောင်စုံသော	ajaun zoun de.

15. Questões

Quem?	ဘယ်သူလဲ	be dhu le:
Que?	ဘာလဲ	ba le:
Onde?	ဘယ်မှာလဲ	be hma le:

Português	Birmanês	Transliteração
Para onde?	ဘယ်ကိုလဲ	be gou le:
De onde?	ဘယ်ကလဲ	be ga. le:
Quando?	ဘယ်တော့လဲ	be do. le:
Para quê?	ဘာအတွက်လဲ	ba atwe' le:
Porquê?	ဘာကြောင့်လဲ	ba gjaun. le:
Para quê?	ဘာအတွက်လဲ	ba atwe' le:
Como?	ဘယ်လိုလဲ	be lau le:
Qual?	ဘယ်လိုမျိုးလဲ	be lau mjou: le:
Qual? (entre dois ou mais)	ဘယ်ဟာလဲ	be ha le:
A quem?	ဘယ်သူ့ကိုလဲ	be dhu. gou le:
Sobre quem?	ဘယ်သူ့အကြောင်းလဲ	be dhu. kjaun: le:
Do quê?	ဘာအကြောင်းလဲ	ba akjain: le:
Com quem?	ဘယ်သူ့နဲ့လဲ	be dhu ne. le:
Quanto, -os, -as?	ဘယ်လောက်လဲ	be lau' le:
De quem?	ဘယ်သူ့	be dhu.

16. Preposições

Português	Birmanês	Transliteração
com (prep.)	နဲ့အတူ	ne. atu
sem (prep.)	မပါဘဲ	ma. ba be:
a, para (exprime lugar)	သို့	thou.
sobre (ex. falar ~)	အကြောင်း	akjaun:
antes de ...	မတိုင်မီ	ma. dain mi
diante de ...	ရှေ့မှာ	shei. hma
sob (debaixo de)	အောက်မှာ	au' hma
sobre (em cima de)	အပေါ်မှာ	apo hma
sobre (~ a mesa)	အပေါ်	apo
de (vir ~ Lisboa)	မှ	hma.
de (feito ~ pedra)	ဖြင့်	hpjin.
dentro de (~ dez minutos)	နောက်	nau'
por cima de ...	ဖြတ်လျက်	hpja' lje'

17. Palavras funcionais. Advérbios. Parte 1

Português	Birmanês	Transliteração
Onde?	ဘယ်မှာလဲ	be hma le:
aqui	ဒီမှာ	di hma
lá, ali	ဟိုမှာ	hou hma.
em algum lugar	တစ်နေရာရာမှာ	ti' nei ja ja hma
em lugar nenhum	ဘယ်မှာမှ	be hma hma.
ao pé de ...	နားမှာ	na: hma
ao pé da janela	ပြတင်းပေါက်နားမှာ	badin: pau' hna: hma
Para onde?	ဘယ်ကိုလဲ	be gou le:
para cá	ဒီဘက်ကို	di be' kou
para lá	ဟိုဘက်ကို	hou be' kou

daqui	ဒီဘက်မှ	di be' hma
de lá, dali	ဟိုဘက်မှ	hou be' hma.
perto	နီးသည်	ni: de
longe	အဝေးမှာ	awei: hma
perto de ...	နားမှာ	na: hma
ao lado de	ဘေးမှာ	bei: hma
perto, não fica longe	မနီးမဝေး	ma. ni ma. wei:
esquerdo	ဘယ်	be
à esquerda	ဘယ်ဘက်မှာ	be be' hma
para esquerda	ဘယ်ဘက်	be be'
direito	ညာဘက်	nja be'
à direita	ညာဘက်မှာ	nja be' hma
para direita	ညာဘက်	nja be'
à frente	ရှေ့မှာ	shei. hma
da frente	ရှေ့	shei.
em frente (para a frente)	ရှေ့	shei.
atrás de ...	နောက်မှာ	nau' hma
por detrás (vir ~)	နောက်က	nau' ka.
para trás	နောက်	nau'
meio (m), metade (f)	အလယ်	ale
no meio	အလယ်မှာ	ale hma
de lado	ဘေးမှာ	bei: hma
em todo lugar	နေရာတိုင်းမှာ	nei ja dain: hma
ao redor (olhar ~)	ပတ်လည်မှာ	pa' le hma
de dentro	အထဲမှ	a hte: hma.
para algum lugar	တစ်နေရာရာကို	ti' nei ja ja gou
diretamente	တိုက်ရိုက်	tai' jai'
de volta	အပြန်	apjan
de algum lugar	တစ်နေရာရာမှ	ti' nei ja ja hma.
de um lugar	တစ်နေရာရာမှ	ti' nei ja ja hma.
em primeiro lugar	ပထမအနေဖြင့်	pahtama. anei gjin.
em segundo lugar	ဒုတိယအနေဖြင့်	du. di. ja. anei bjin.
em terceiro lugar	တတိယအနေဖြင့်	tati. ja. anei bjin.
de repente	မတော်တဆ	ma. do da. za.
no início	အစမှာ	asa. hma
pela primeira vez	ပထမဆုံး	pahtama. zoun:
muito antes de ...	မတိုင်ခင် အတော်လေး အလိုက	ma. dain gin ato lei: alou ga.
de novo, novamente	အသစ်တဖန်	athi' da. ban
para sempre	အမြဲတမ်း	amje: dan:
nunca	ဘယ်တော့မှ	be do hma.
de novo	တဖန်	tahpan
agora	အခုတော့	akhu dau.
frequentemente	ခဏခဏ	khana. khana.

então	ထိုသို့ဖြစ်လျှင်	htou dhou. bji' shin
urgentemente	အမြန်	aman
usualmente	ပုံမှန်	poun hman

a propósito, ...	စကားမစပ်	zaga: ma. za'
é possível	ဖြစ်နိုင်သည်	hpjin nain de
provavelmente	ဖြစ်နိုင်သည်	hpji' nein de
talvez	ဖြစ်နိုင်သည်	hpji' nein de
além disso, ...	ဒါ့အပြင်	da. apjin
por isso ...	ဒါကြောင့်	da gjaun.
apesar de ...	သော်လည်း	tho lei:
graças a ...	ကြောင့်	kjaun.

que (pron.)	သာ	ba
que (conj.)	ဟု	hu
algo	တစ်ခုခု	ti' khu. gu.
alguma coisa	တစ်ခုခု	ti' khu. gu.
nada	သာမှ	ba hma.

quem	ဘယ်သူ	be dhu.
alguém (~ teve uma ideia ...)	တစ်ယောက်ယောက်	ti' jau' jau'
alguém	တစ်ယောက်ယောက်	ti' jau' jau'

ninguém	ဘယ်သူမှ	be dhu hma.
para lugar nenhum	ဘယ်ကိုမှ	be gou hma.
de ninguém	ဘယ်သူမှမပိုင်သော	be dhu hma ma. bain de.
de alguém	တစ်ယောက်ယောက်ရဲ့	ti' jau' jau' je.

tão	ဒီလို	di lou
também (gostaria ~ de ...)	ထိုပြင်လည်း	htou. bjin le:
também (~ eu)	လည်းဘဲ	le: be:

18. Palavras funcionais. Advérbios. Parte 2

Porquê?	ဘာကြောင့်လဲ	ba gjaun. le:
por alguma razão	တစ်ခုခုကြောင့်	ti' khu. gu. gjaun.
porque ...	အဘယ်ကြောင့်ဆိုသော်	abe gjo:n. zou dho
por qualquer razão	တစ်ခုခုအတွက်	ti' khu. gu. atwe'

e (tu ~ eu)	နှင့်	hnin.
ou (ser ~ não ser)	သို့မဟုတ်	thou. ma. hou'
mas (porém)	ဒါပေမဲ့	da bei me.
para (~ a minha mãe)	အတွက်	atwe'

demasiado, muito	အလွန်	alun
só, somente	သာ	tha
exatamente	အတိအကျ	ati. akja.
cerca de (~ 10 kg)	ခန့်	khan.

aproximadamente	ခန့်မှန်းခြေအားဖြင့်	khan hman: gjei a: bjin.
aproximado	ခန့်မှန်းခြေဖြစ်သော	khan hman: gjei bji' te.
quase	နီးပါး	ni: ba:
resto (m)	ကျန်သော	kjan de.
o outro (segundo)	တခြားသော	tacha: de.

outro	အခြားသော	apja: de.
cada	တိုင်း	tain:
qualquer	မဆို	ma. zou
muitos, muitas	အခြောက်အများ	amjau' amja:
muito	အများကြီး	amja: gji:
muitas pessoas	များစွာသော	mja: zwa de.
todos	အားလုံး	a: loun:
em troca de ...	အစား	asa:
em troca	အစား	asa:
à mão	လက်ဖြင့်	le' hpjin.
pouco provável	ဖြစ်နိုင်ခြေ နည်းသည်	hpji' nain gjei ni: de
provavelmente	ဖြစ်နိုင်သည်	hpji' nein de
de propósito	တမင်	tamin
por acidente	အမှတ်တမဲ့	ahma' ta. me.
muito	သိပ်	thei'
por exemplo	ဥပမာအားဖြင့်	upama a: bjin.
entre	ကြား	kja:
entre (no meio de)	ကြားထဲတွင်	ka: de: dwin:
tanto	ဒီလောက်	di lau'
especialmente	အထူးသဖြင့်	a htu: dha. hjin.

Conceitos básicos. Parte 2

19. Dias da semana

segunda-feira (f)	တနလ်ာ	tanin: la
terça-feira (f)	အငါ	in ga
quarta-feira (f)	ဗုဒ္ဓဟူး	bou' da. hu:
quinta-feira (f)	ကြာသပတေး	kja dha ba. dei:
sexta-feira (f)	သောကြာ	thau' kja
sábado (m)	စနေ	sanei
domingo (m)	တနင်္ဂနွေ	tanin: ganwei

hoje	ယနေ့	ja. nei.
amanhã	မနက်ဖြန်	mane' bjan
depois de amanhã	သဘက်ခါ	dhabe' kha
ontem	မနေ့က	ma. nei. ka.
anteontem	တနေ့က	ta. nei. ga.

dia (m)	နေ့	nei.
dia (m) de trabalho	ရုံးဖွင့်ရက်	joun: hpwin je'
feriado (m)	ပွဲတော်ရက်	pwe: do je'
dia (m) de folga	ရုံးပိတ်ရက်	joun: bei' je'
fim (m) de semana	ရုံးပိတ်ရက်များ	joun: hpwin je' mja:

o dia todo	တနေ့လုံး	ta. nei. loun:
no dia seguinte	နောက်နေ့	nau' nei.
há dois dias	လွန်ခဲ့သော နှစ်ရက်က	lun ge: de. hni' ja' ka.
na véspera	အကြိုနေ့မှာ	akjou nei. hma
diário	နေ့စဉ်	nei. zin
todos os dias	နေ့တိုင်း	nei dain:

semana (f)	ရက်သတ္တပတ်	je' tha' daba'
na semana passada	ပြီးခဲ့တဲ့အပတ်က	pji: ge. de. apa' ka.
na próxima semana	လာမယ့်အပတ်မှာ	la. me. apa' hma
semanal	အပတ်စဉ်	apa' sin
cada semana	အပတ်စဉ်	apa' sin
duas vezes por semana	တစ်ပတ် နှစ်ကြိမ်	ti' pa' hni' kjein
cada terça-feira	အငါနေ့တိုင်း	in ga nei. dain:

20. Horas. Dia e noite

manhã (f)	နံနက်ခင်း	nan ne' gin:
de manhã	နံနက်ခင်းမှာ	nan ne' gin: hma
meio-dia (m)	မွန်းတည့်	mun: de.
à tarde	နေ့လယ်စာစားချိန်ပြီးနောက်	nei. le za za: gjein bji: nau'

| noite (f) | ညနေခင်း | nja. nei gin: |
| à noite (noitinha) | ညနေခင်းမှာ | nja. nei gin: hma |

noite (f)	ညှ	nja
à noite	ညမှာ	nja hma
meia-noite (f)	သန်းခေါင်ယံ	than: gaun jan

segundo (m)	စက္ကန့်	se' kan.
minuto (m)	မိနစ်	mi. ni'
hora (f)	နာရီ	na ji
meia hora (f)	နာရီဝက်	na ji we'
quarto (m) de hora	ဆယ့်ငါးမိနစ်	hse. nga: mi. ni'
quinze minutos	၁၅ မိနစ်	ta' hse. nga: mi ni'
vinte e quatro horas	နှစ်ဆယ့်လေးနာရီ	hni' hse lei: na ji

nascer (m) do sol	နေထွက်ချိန်	nei dwe' gjein
amanhecer (m)	အာရုဏ်ဦး	a joun u:
madrugada (f)	နံနက်စောစော	nan ne' so: zo:
pôr do sol (m)	နေဝင်ချိန်	nei win gjein

de madrugada	နံနက်အစောပိုင်း	nan ne' aso: bain:
hoje de manhã	ယနေ့နံနက်	ja. nei. nan ne'
amanhã de manhã	မနက်ဖြန်နံနက်	mane' bjan nan ne'

hoje à tarde	ယနေ့နေ့လယ်	ja. nei. nei. le
à tarde	နေ့လယ်စာစားချိန်ပြီးနောက်	nei. le za za: gjein bji: nau'
amanhã à tarde	မနက်ဖြန်မွန်းလွဲပိုင်း	mane' bjan mun: lwe: bain:

hoje à noite	ယနေ့ညနေ	ja. nei. nja. nei
amanhã à noite	မနက်ဖြန်ညနေ	mane' bjan nja. nei

às três horas em ponto	၃ နာရီတွင်	thoun: na ji dwin
por volta das quatro	၄ နာရီခန့်တွင်	lei: na ji khan dwin
às doze	၁၂ နာရီအရောက်	hse. hni' na ji ajau'

dentro de vinte minutos	နောက် မိနစ် ၂၀ မှာ	nau' mi. ni' hni' se hma
dentro duma hora	နောက်တစ်နာရီမှာ	nau' ti' na ji hma
a tempo	အချိန်ကိုက်	achein kai'

menos um quarto	မတ်တင်း	ma' tin:
durante uma hora	တစ်နာရီအတွင်း	ti' na ji atwin:
a cada quinze minutos	၁၅ မိနစ်တိုင်း	ta' hse. nga: mi ni' htain:
as vinte e quatro horas	၂၄ နာရီလုံး	hna' hse. lei: na ji

21. Meses. Estações

janeiro (m)	ဇန်နဝါရီလ	zan na. wa ji la.
fevereiro (m)	ဖေဖော်ဝါရီလ	hpei bo wa ji la
março (m)	မတ်လ	ma' la,
abril (m)	ဧပြီလ	ei bji la.
maio (m)	မေလ	mei la.
junho (m)	ဇွန်လ	zun la.

julho (m)	ဇူလိုင်လ	zu lain la.
agosto (m)	သြဂုတ်လ	o: gou' la.
setembro (m)	စက်တင်ဘာလ	sa' htin ba la.
outubro (m)	အောက်တိုဘာလ	au' tou ba la

novembro (m)	နိဝင်ဘာလ	nou win ba la.
dezembro (m)	ဒီဇင်ဘာလ	di zin ba la.
primavera (f)	နွေဦးရာသီ	nwei: u: ja dhi
na primavera	နွေဦးရာသီမှာ	nwei: u: ja dhi hma
primaveril	နွေဦးရာသီနှင့်ဆိုင်သော	nwei: u: ja dhi hnin. zain de.
verão (m)	နွေရာသီ	nwei: ja dhi
no verão	နွေရာသီမှာ	nwei: ja dhi hma
de verão	နွေရာသီနှင့်ဆိုင်သော	nwei: ja dhi hnin. zain de.
outono (m)	ဆောင်းဦးရာသီ	hsaun: u: ja dhi
no outono	ဆောင်းဦးရာသီမှာ	hsaun: u: ja dhi hma
outonal	ဆောင်းဦးရာသီနှင့်ဆိုင်သော	hsaun: u: ja dhi hnin. zain de.
inverno (m)	ဆောင်းရာသီ	hsaun: ja dhi
no inverno	ဆောင်းရာသီမှာ	hsaun: ja dhi hma
de inverno	ဆောင်းရာသီနှင့်ဆိုင်သော	hsaun: ja dhi hnin. zain de.
mês (m)	လ	la.
este mês	ဒီလ	di la.
no próximo mês	နောက်လ	nau' la
no mês passado	ယခင်လ	jakhin la.
há um mês	ပြီးခဲ့တဲ့တစ်လကျော်	pji: ge. de. di' la. gjo
dentro de um mês	နောက်တစ်လကျော်	nau' ti' la. gjo
dentro de dois meses	နောက်နှစ်လကျော်	nau' hni' la. gjo
todo o mês	တစ်လလုံး	ti' la. loun:
um mês inteiro	တစ်လလုံး	ti' la. loun:
mensal	လစဉ်	la. zin
mensalmente	လစဉ်	la. zin
cada mês	လတိုင်း	la. dain:
duas vezes por mês	တစ်လနှစ်ကြိမ်	ti' la. hni' kjein:
ano (m)	နှစ်	hni'
este ano	ဒီနှစ်မှာ	di hna' hma
no próximo ano	နောက်နှစ်မှာ	nau' hni' hnma
no ano passado	ယခင်နှစ်မှာ	jakhin hni' hma
há um ano	ပြီးခဲ့တဲ့တစ်နှစ်ကျော်က	pji: ge. de. di' hni' kjo ga.
dentro dum ano	နောက်တစ်နှစ်ကျော်	nau' ti' hni' gjo
dentro de 2 anos	နောက်နှစ်နှစ်ကျော်	nau' hni' hni' gjo
todo o ano	တစ်နှစ်လုံး	ti' hni' loun:
um ano inteiro	တစ်နှစ်လုံး	ti' hni' loun:
cada ano	နှစ်တိုင်း	hni' tain:
anual	နှစ်စဉ်ဖြစ်သော	hni' san bji' te.
anualmente	နှစ်စဉ်	hni' san
quatro vezes por ano	တစ်နှစ်လေးကြိမ်	ti' hni' lei: gjein
data (~ de hoje)	နေ့	nei. zwe:
data (ex. ~ de nascimento)	ရက်စွဲ	je' swe:
calendário (m)	ပြက္ခဒိန်	pje' gadein
meio ano	နှစ်ဝက်	hni' we'
seis meses	နှစ်ဝက်	hni' we'

estação (f)	ရာသီ	ja dhi
século (m)	ရာစု	jazu.

22. Unidades de medida

peso (m)	အလေးချိန်	alei: gjein
comprimento (m)	အရှည်	ashei
largura (f)	အကျယ်	akje
altura (f)	အမြင့်	amjin.
profundidade (f)	အနက်	ane'
volume (m)	ထုထည်	du. de
área (f)	အကျယ်အဝန်း	akje awun:
grama (m)	ဂရမ်	ga ran
miligrama (m)	မီလီဂရမ်	mi li ga. jan
quilograma (m)	ကီလိုဂရမ်	ki lou ga jan
tonelada (f)	တန်	tan
libra (453,6 gramas)	ပေါင်	paun
onça (f)	အောင်စ	aun sa.
metro (m)	မီတာ	mi ta
milímetro (m)	မီလီမီတာ	mi li mi ta
centímetro (m)	စင်တီမီတာ	sin ti mi ta
quilómetro (m)	ကီလိုမီတာ	ki lou mi ta
milha (f)	မိုင်	main
polegada (f)	လက်မ	le' ma
pé (304,74 mm)	ပေ	pei
jarda (914,383 mm)	ကိုက်	kou'
metro (m) quadrado	စတုရန်းမီတာ	satu. jan: mi ta
hectare (m)	ဟက်တာ	he' ta
litro (m)	လီတာ	li ta
grau (m)	ဒီဂရီ	di ga ji
volt (m)	ဗို့	boi.
ampere (m)	အမ်ပီယာ	an bi ja
cavalo-vapor (m)	မြင်းကောင်ရေအား	mjin: gaun jei a:
quantidade (f)	အရေအတွက်	ajei adwe'
um pouco de …	နည်းနည်း	ne: ne:
metade (f)	တစ်ဝက်	ti' we'
dúzia (f)	ဒါဇင်	da zin
peça (f)	ခု	khu.
dimensão (f)	အတိုင်းအတာ	atain: ata
escala (f)	စကေး	sakei:
mínimo	အနည်းဆုံး	ane: zoun
menor, mais pequeno	အသေးဆုံး	athei: zoun:
médio	အလယ်အလတ်	ale ala'
máximo	အများဆုံး	amja: zoun:
maior, mais grande	အကြီးဆုံး	akji: zoun:

23. Recipientes

boião (m) de vidro	ဖန်ဘူး	hpan bu:
lata (~ de cerveja)	သံဘူး	than bu:
balde (m)	ရေပုံး	jei boun:
barril (m)	စည်ပိုင်း	si bain:

bacia (~ de plástico)	ဇလုံ	za loun
tanque (m)	သံစည်	than zi
cantil (m) de bolso	အရက်ပုလင်းပြား	aje' pu lin: pja:
bidão (m) de gasolina	ဓာတ်ဆီပုံး	da' hsi boun:
cisterna (f)	တိုင်ကီ	tain ki

caneca (f)	မတ်ခွက်	ma' khwe'
chávena (f)	ခွက်	khwe'
pires (m)	အောက်ခံပန်းကန်ပြား	au' khan ban: kan pja:
copo (m)	ဖန်ခွက်	hpan gwe'
taça (f) de vinho	ဝိုင်ခွက်	wain gwe'
panela, caçarola (f)	ပေါင်းအိုး	paun: ou:

garrafa (f)	ပုလင်း	palin:
gargalo (m)	ပုလင်းလည်ပင်း	palin: le bin:

jarro, garrafa (f)	ဖန်ချိုင့်	hpan gjain.
jarro (m) de barro	ကရား	kaja:
recipiente (m)	အိုးခွက်	ou: khwe'
pote (m)	မြေအိုး	mjei ou:
vaso (m)	ပန်းအိုး	pan: ou:

frasco (~ de perfume)	ပုလင်း	palin:
frasquinho (ex. ~ de iodo)	ပုလင်းကလေး	palin: galei:
tubo (~ de pasta dentífrica)	ဘူး	bu:

saca (ex. ~ de açúcar)	ဂုံနီအိတ်	goun ni ei'
saco (~ de plástico)	အိတ်	ei'
maço (m)	ဘူး	bu:

caixa (~ de sapatos, etc.)	စက္ကူဘူး	se' ku bu:
caixa (~ de madeira)	သေတ္တာ	thi' ta
cesta (f)	တောင်း	taun:

O SER HUMANO

O ser humano. O corpo

24. Cabeça

cabeça (f)	ခေါင်း	gaun:
cara (f)	မျက်နှာ	mje' hna
nariz (m)	နှာခေါင်း	hna gaun:
boca (f)	ပါးစပ်	pa: zi'
olho (m)	မျက်စိ	mje' si.
olhos (m pl)	မျက်စိများ	mje' si. mja:
pupila (f)	သူငယ်အိမ်	thu nge ein
sobrancelha (f)	မျက်ခုံး	mje' khoun:
pestana (f)	မျက်တောင်	mje' taun
pálpebra (f)	မျက်ခွံ	mje' khwan
língua (f)	လျှာ	sha
dente (m)	သွား	thwa:
lábios (m pl)	နှုတ်ခမ်း	hna' khan:
maçãs (f pl) do rosto	ပါးရိုး	pa: jou:
gengiva (f)	သွားဖုံး	thwahpoun:
palato (m)	အာခေါင်	a gaun
narinas (f pl)	နှာခေါင်းပေါက်	hna gaun: bau'
queixo (m)	မေးစေ့	mei: zei.
mandíbula (f)	မေးရိုး	mei: jou:
bochecha (f)	ပါး	pa:
testa (f)	နဖူး	na. hpu:
têmpora (f)	နားထင်	na: din
orelha (f)	နားရွက်	na: jwe'
nuca (f)	နောက်စေ့	nau' sei.
pescoço (m)	လည်ပင်း	le bin:
garganta (f)	လည်ချောင်း	le gjaun:
cabelos (m pl)	ဆံပင်	zabin
penteado (m)	ဆံပင်ပုံစံ	zabin boun zan
corte (m) de cabelo	ဆံပင်ညှပ်သည့်ပုံစံ	zabin hnja' thi. boun zan
peruca (f)	ဆံပင်တု	zabin du.
bigode (m)	နှုတ်ခမ်းမွေး	hnou' khan: hmwei:
barba (f)	မုတ်ဆိတ်မွေး	mou' hsei' hmwei:
usar, ter (~ barba, etc.)	အရှည်ထားသည်	ashei hta: de
trança (f)	ကျစ်ဆံမြီး	kji' zan mji:
suíças (f pl)	ပါးသိုင်းမွေး	pa: dhain: hmwei:
ruivo	ဆံပင်အနီရောင်ရှိသော	zabin ani jaun shi. de
grisalho	အရောင်ဖျော့သော	ajaun bjo. de.

calvo	ထိပ်ပြောင်သော	htei' pjaun de.
calva (f)	ဆံပင်ကျွတ်နေသောနေရာ	zabin kju' nei dho nei ja
rabo-de-cavalo (m)	မြင်းမြီးပုံစံဆံပင်	mjin: mji: boun zan zan bin
franja (f)	ဆံရစ်	hsaji'

25. Corpo humano

mão (f)	လက်	le'
braço (m)	လက်မောင်း	le' maun:
dedo (m)	လက်ချောင်း	le' chaun:
dedo (m) do pé	ခြေချောင်း	chei gjaun:
polegar (m)	လက်မ	le' ma
dedo (m) mindinho	လက်သန်း	le' than:
unha (f)	လက်သည်းခွံ	le' the: dou' tan zin:
punho (m)	လက်သီး	le' thi:
palma (f) da mão	လက်ဝါး	le' wa:
pulso (m)	လက်ကောက်ဝတ်	le' kau' wa'
antebraço (m)	လက်ဖျံ	le' hpjan
cotovelo (m)	တံတောင်ဆစ်	daduan zi'
ombro (m)	ပခုံး	pakhoun:
perna (f)	ခြေထောက်	chei htau'
pé (m)	ခြေထောက်	chei htau'
joelho (m)	ဒူး	du:
barriga (f) da perna	ခြေသလုံးကြွက်သား	chei dha. loun: gjwe' dha:
anca (f)	တင်ပါး	tin ba:
calcanhar (m)	ခြေဖနောင့်	chei ba. naun.
corpo (m)	ခန္ဓာကိုယ်	khan da kou
barriga (f)	ဗိုက်	bai'
peito (m)	ရင်ဘတ်	jin ba'
seio (m)	နို့	nou.
lado (m)	နံပါး	nan ba:
costas (f pl)	ကျော	kjo:
região (f) lombar	ခါးအောက်ပိုင်း	kha: au' pain:
cintura (f)	ခါး	kha:
umbigo (m)	ချက်	che'
nádegas (f pl)	တင်ပါး	tin ba:
traseiro (m)	နောက်ပိုင်း	nau' pain:
sinal (m)	မှဲ့	hme.
sinal (m) de nascença	မွေးရာပါအမှတ်	mwei: ja ba ahma'
tatuagem (f)	တက်တူး	te' tu:
cicatriz (f)	အမာရွတ်	ama ju'

Vestuário & Acessórios

26. Roupa exterior. Casacos

roupa (f)	အဝတ်အစား	awu' aza:
roupa (f) exterior	အပေါ်ဝတ်အက်ျီ	apo we' in: gji
roupa (f) de inverno	ဆောင်းတွင်းဝတ်အဝတ်အစား	hsaun; dwin; wu' awu' asa:
sobretudo (m)	ကုတ်အက်ျီရှည်	kou' akji shi
casaco (m) de peles	သားမွေးအနွေးထည်	tha: mwei: anwei: de
casaco curto (m) de peles	အမွေးပွအပေါ်အက်ျီ	ahmwei pwa po akji.
casaco (m) acolchoado	ငှက်မွေးကုတ်အက်ျီ	hnge' hmwei: kou' akji.
casaco, blusão (m)	အပေါ်အက်ျီ	apo akji.
impermeável (m)	မိုးကာအက်ျီ	mou: ga akji
impermeável	ရေလုံသော	jei loun de.

27. Vestuário de homem & mulher

camisa (f)	ရှပ်အက်ျီ	sha' in gji
calças (f pl)	ဘောင်းဘီ	baun: bi
calças (f pl) de ganga	ဂျင်းဘောင်းဘီ	gjin; bain; bi
casaco (m) de fato	အပေါ်အက်ျီ	apo akji.
fato (m)	အနောက်တိုင်းဝတ်စုံ	anau' tain: wu' saun
vestido (ex. ~ vermelho)	ဂါဝန်	ga wun
saia (f)	စကတ်	saka'
blusa (f)	ဘလောက်စ်အက်ျီ	ba. lau' s in: gji
casaco (m) de malha	ကြယ်သီးပါသော အနွေးထည်	kje dhi: ba de. anwei: dhe
casaco, blazer (m)	အပေါ်ဖုံးအက်ျီ	apo hpoun akji.
T-shirt, camiseta (f)	တီရှပ်	ti shi'
calções (Bermudas, etc.)	ဘောင်းဘီတို	baun: bi dou
fato (m) de treino	အားကစားဝတ်စုံ	a: gaza: wu' soun
roupão (m) de banho	ရေချိုးခန်းဝတ်စုံ	jei gjou: gan: wu' soun
pijama (m)	ညအိပ်ဝတ်စုံ	nja a' wu' soun
suéter (m)	ဆွယ်တာ	hswe da
pulôver (m)	ဆွယ်တာ	hswe da
colete (m)	ဝစ်ကုတ်	wi' kou'
fraque (m)	တေးလ်ကုတ်အက်ျီ	tei: l kou' in: gji
smoking (m)	ညစာစားပွဲဝတ်စုံ	nja. za za: bwe' wu' soun
uniforme (m)	တူညီဝတ်စုံ	tu nji wa' soun
roupa (f) de trabalho	အလုပ်ဝင် ဝတ်စုံ	alou' win wu' zoun
fato-macaco (m)	စက်ရုံဝတ်စုံ	se' joun wu' soun
bata (~ branca, etc.)	ဂျူတီကုတ်	gju di gou'

28. Vestuário. Roupa interior

Português	Birmanês	Transliteração
roupa (f) interior	အတွင်းခံ	atwin: gan
cuecas boxer (f pl)	ယောက်ျားဝတ်အတွင်းခံ	jau' kja: wu' atwin: gan
cuecas (f pl)	မိန်းကလေးဝတ်အတွင်းခံ	mein: galei: wa' atwin: gan
camisola (f) interior	စွပ်ကျယ်	su' kje
peúgas (f pl)	ခြေအိတ်များ	chei ei' mja:
camisa (f) de noite	ညအိပ်ဂါဝန်ရှည်	nja a' ga wun she
sutiã (m)	ဘရာစီယာ	ba ra si ja
meias longas (f pl)	ခြေအိတ်ရှည်	chei ei' shi
meia-calça (f)	အသားကပ်ဘောင်းဘီရှည်	atha: ka' baun: bi shei
meias (f pl)	စတော့ကင်	sato. kin
fato (m) de banho	ရေကူးဝတ်စုံ	jei ku: wa' zoun

29. Adereços de cabeça

Português	Birmanês	Transliteração
chapéu (m)	ဦးထုပ်	u: htou'
chapéu (m) de feltro	ဦးထုပ်ပျော့	u: htou' pjo.
boné (m) de beisebol	ရှာဒိုးဦးထုပ်	sha dou: u: dou'
boné (m)	လူကြီးဆောင်းဦးထုပ်ပြား	lu gji: zaun: u: dou' pja:
boina (f)	ဘယ်ရီဦးထုပ်	be ji u: htu'
capuz (m)	အကျီတွင်ပါသော ခေါင်းစွပ်	akji. twin pa dho: gaun: zu'
panamá (m)	ဦးထုပ်အဝိုင်း	u: htou' awain:
gorro (m) de malha	သိုးမွှေးခေါင်းစွပ်	thou: mwei: gaun: zu'
lenço (m)	ခေါင်းစည်းပုဝါ	gaun: zi: bu. wa
chapéu (m) de mulher	အမျိုးသမီးဆောင်းဦးထုပ်	amjou: dhami: zaun: u: htou'
capacete (m) de proteção	ဦးထုပ်အမာ	u: htou' ama
bibico (m)	တဝပ်မတော်သုံးဦးထုပ်	ta' mado dhoun: u: dou'
capacete (m)	အမာစားဦးထုပ်	ama za: u: htou'
chapéu-coco (m)	ဦးထုပ်လုံး	u: htou' loun:
chapéu (m) alto	ဦးထုပ်မြင့်	u: htou' mjin.

30. Calçado

Português	Birmanês	Transliteração
calçado (m)	ဖိနပ်	hpana'
botinas (f pl)	ရှူးဖိနပ်	shu: hpi. na'
sapatos (de salto alto, etc.)	မိန်းကလေးစီးရှူးဖိနပ်	mein: galei: zi: shu: bi. na'
botas (f pl)	လည်ရှည်ဖိနပ်	le she bi. na'
pantufas (f pl)	အိမ်တွင်းစီးကွင်းထိုးဖိနပ်	ein dwin:
ténis (m pl)	အားကစားဖိနပ်	a: gaza: bana'
sapatilhas (f pl)	ပတ္တာဖိနပ်	pa' tu bi. na'
sandálias (f pl)	ကြိုးတိုင်ဖိနပ်	kjou: dhain: bi. na'
sapateiro (m)	ဖိနပ်ချုပ်သမား	hpana' chou' tha ma:
salto (m)	ဒေါက်	dau'

par (m)　အစုံ　asoun.
atacador (m)　ဖိနပ်ကြိုး　hpana' kjou:
apertar os atacadores　ဖိနပ်ကြိုးချည်သည်　hpana' kjou: gjin de
calçadeira (f)　ဖိနပ်စီးရာတွင်သုံး　hpana' si: ja dhwin dhoun:
　　သည့် ဖိနပ်ကော်　dhin. hpana' ko
graxa (f) para calçado　ဖိနပ်တိုက်ဆေး　hpana' tou' hsei:

31. Acessórios pessoais

luvas (f pl)　လက်အိတ်　lei' ei'
mitenes (f pl)　နှစ်ကန့်လက်အိတ်　hni' kan. le' ei'
cachecol (m)　မာဖလာ　ma ba. la

óculos (m pl)　မျက်မှန်　mje' hman
armação (f) de óculos　မျက်မှန်ကိုင်း　mje' hman gain:
guarda-chuva (m)　ထီး　hti:
bengala (f)　တုတ်ကောက်　tou' kau'
escova (f) para o cabelo　ခေါင်းဘီး　gaun: bi:
leque (m)　ပန်ကာ　pan gan

gravata (f)　လည်စည်း　le zi:
gravata-borboleta (f)　ဖဲကြိုးပုံလည်စည်း　hpe: bja: boun le zi:
suspensórios (m pl)　ဘောင်းဘီသိုင်းကြိုး　baun: bi dhain: gjou:
lenço (m)　လက်ကိုင်ပုဝါ　le' kain bu. wa

pente (m)　ဘီး　bi:
travessão (m)　ဆံညှပ်　hsan hnja'
gancho (m) de cabelo　ကလစ်　kali'
fivela (f)　ခါးပတ်ခေါင်း　kha: ba' khaun:

cinto (m)　ခါးပတ်　kha: ba'
correia (f)　ပုခုံးသိုင်းကြိုး　pu. goun: dhain: gjou:

mala (f)　လက်ကိုင်အိတ်　le' kain ei'
mala (f) de senhora　မိန်းကလေးပုခုံးလွယ်အိတ်　mein: galei: bou goun: lwe ei'
mochila (f)　ကျောပိုးအိတ်　kjo: bou: ei'

32. Vestuário. Diversos

moda (f)　ဖက်ရှင်　hpe' shin
na moda　ခေတ်မီသော　khi' mi de.
estilista (m)　ဖက်ရှင်ဒီဇိုင်နာ　hpe' shin di zain na

colarinho (m), gola (f)　အင်္ကျီကော်လာ　akji. ko la
bolso (m)　အိတ်ကပ်　ei' ka'
de bolso　အိတ်ဆောင်　ei' hsaun
manga (f)　အင်္ကျီလက်　akji. le'
alcinha (f)　အင်္ကျီရှပ်ကွင်း　akji. gjei' kwin:
braguilha (f)　ဘောင်းဘီလျှာဆက်　baun: bi ja ze'

fecho (m) de correr　ဇစ်　zi'
fecho (m), colchete (m)　ချိတ်စရာ　che' zaja

botão (m)	ကြယ်သီး	kje dhi:
casa (f) de botão	ကြယ်သီးပေါက်	kje dhi: bau'
soltar-se (vr)	ပြုတ်ထွက်သည်	pjou' htwe' te
coser, costurar (vi)	စက်ချုပ်သည်	se' khjou' te
bordar (vt)	ပန်းထိုးသည်	pan: dou: de
bordado (m)	ပန်းထိုးခြင်း	pan: dou: gjin:
agulha (f)	အပ်	a'
fio (m)	အပ်ချည်	a' chi
costura (f)	ချုပ်ရိုး	chou' jou:
sujar-se (vr)	ညစ်ပေသွားသည်	nji' pei dhwa: de
mancha (f)	အရွန်းအထင်း	aswan: ahtin:
engelhar-se (vr)	တွန့်ကြေစေသည်	tun. gjei zei de
rasgar (vt)	ပေါက်ပြဲသွားသည်	pau' pje: dhwa: de
traça (f)	အဝတ်ပိုးဖလံ	awu' pou: hpa. lan

33. Cuidados pessoais. Cosméticos

pasta (f) de dentes	သွားတိုက်ဆေး	thwa: tai' hsei:
escova (f) de dentes	သွားတိုက်တံ	thwa: tai' tan
escovar os dentes	သွားတိုက်သည်	thwa: tai' te
máquina (f) de barbear	သင်တုန်းဓား	thin toun: da:
creme (m) de barbear	မုတ်ဆိတ်ရိတ် ဆပ်ပြာ	mou' zei' jei' hsa' pja
barbear-se (vr)	ရိတ်သည်	jei' te
sabonete (m)	ဆပ်ပြာ	hsa' pja
champô (m)	ခေါင်းလျှော်ရည်	gaun: sho je
tesoura (f)	ကတ်ကြေး	ka' kjei:
lima (f) de unhas	လက်သည်းတိုက်တံစဉ်း	le' the:
corta-unhas (m)	လက်သည်းညှပ်	le' the: hnja'
pinça (f)	ဇာဂနာ	za ga. na
cosméticos (m pl)	အလှကုန်ပစ္စည်း	ahla. koun pji' si:
máscara (f) facial	မျက်နှာပေါင်းတင်ခြင်း	mje' hna baun: din gjin:
manicura (f)	လက်သည်းအလှပြင်ခြင်း	le' the: ahla bjin gjin
fazer a manicura	လက်သည်းအလှပြင်သည်	le' the: ahla bjin de
pedicure (f)	ခြေသည်းအလှပြင်သည်	chei dhi: ahla. pjin de
mala (f) de maquilhagem	မိတ်ကပ်အိတ်	mi' ka' ei'
pó (m)	ပေါင်ဒါ	paun da
caixa (f) de pó	ပေါင်ဒါဘူး	paun da bu:
blush (m)	ပါးနီ	pa: ni
perfume (m)	ရေမွှေး	jei mwei:
água (f) de toilette	ရေမွှေး	jei mwei:
loção (f)	လိုးရှင်း	lou shin:
água-de-colónia (f)	အော်ဒီကလုန်းရေမွှေး	o di ka lun: jei mwei:
sombra (f) de olhos	မျက်ခွံလိမ်းဆေး	mje' khwan zou: zei:
lápis (m) delineador	အိုင်းလိုင်နာဝတောင့်	ain: lain: na daun.
máscara (f), rímel (m)	မျက်တောင်ခြယ်ဆေး	mje' taun gje zei:

batom (m)	နုတ်ခမ်းနီ	hna' khan: ni
verniz (m) de unhas	လက်သည်းဆိုးဆေး	le' the: azou: zei:
laca (f) para cabelos	ဆံပင်သုံး ဝပဇေး	zabin dhoun za. ba. jei:
desodorizante (m)	ချွေးနံ့ပျောက်ဆေး	chwei: nan. bjau' hsei:
creme (m)	ခရင်မ်	khajin m
creme (m) de rosto	မျက်နှာခရင်မ်	mje' hna ga. jin m
creme (m) de mãos	ဟန်ခရင်မ်	han kha. rin m
creme (m) antirrugas	အသားခြောက်ကာကွယ်ဆေး	atha: gjau' ka gwe zei:
creme (m) de dia	နေ့လိမ်းခရင်မ်	nei. lein: ga jin'm
creme (m) de noite	ညလိမ်းခရင်မ်	nja lein: khajinm
de dia	နေ့လယ်ဘက်သုံးသော	nei. le be' thoun: de.
da noite	ညဘက်သုံးသော	nja. be' thoun: de.
tampão (m)	အတောင့်	ataun.
papel (m) higiénico	အိမ်သာသုံးစက္ကူ	ein dha dhoun: se' ku
secador (m) elétrico	ဆံပင်အခြောက်ခံစက်	zabin achou' hsan za'

34. Relógios de pulso. Relógios

relógio (m) de pulso	နာရီ	na ji
mostrador (m)	နာရီဒိုက်ရွက်	na ji dai' hpwe'
ponteiro (m)	နာရီလက်တံ	na ji le' tan
bracelete (f) em aço	နာရီကြိုး	na ji gjou:
bracelete (f) em couro	နာရီကြိုး	na ji gjou:
pilha (f)	ဘတ်ခဲ	da' khe:
descarregar-se	အားကုန်သည်	a: kun de
trocar a pilha	ဘတ်ထရီလဲသည်	ba' hta ji le: de
estar adiantado	မြန်သည်	mjan de
estar atrasado	နောက်ကျသည်	nau' kja. de
relógio (m) de parede	တိုင်ကပ်နာရီ	tain ka' na ji
ampulheta (f)	သဲနာရီ	the: naji
relógio (m) de sol	နေနာရီ	nei na ji
despertador (m)	နှိုးစက်	hnou: ze'
relojoeiro (m)	နာရီပြင်ဆရာ	ma ji bjin zaja
reparar (vt)	ပြင်သည်	pjin de

Alimentação. Nutrição

35. Comida

carne (f)	အသား	atha:
galinha (f)	ကြက်သား	kje' tha:
frango (m)	ကြက်ကလေး	kje' ka. lei:
pato (m)	ဘဲသား	be: dha:
ganso (m)	ဘဲငန်းသား	be: ngan: dha:
caça (f)	တောကောင်သား	to: gaun dha:
peru (m)	ကြက်ဆင်သား	kje' hsin dha:
carne (f) de porco	ဝက်သား	we' tha:
carne (f) de vitela	နွားကလေးသား	nwa: ga. lei: dha:
carne (f) de carneiro	သိုးသား	thou: tha:
carne (f) de vaca	အမဲသား	ame: dha:
carne (f) de coelho	ယုန်သား	joun dha:
chouriço, salsichão (m)	ဝက်အူချောင်း	we' u gjaun:
salsicha (f)	အသားချောင်း	atha: gjaun:
bacon (m)	ဝက်ဆားနယ်ခြောက်	we' has: ne gjau'
fiambre (f)	ဝက်ပေါင်ခြောက်	we' paun gjau'
presunto (m)	ဝက်ပေါင်ကြက်တိုက်	we' paun gje' tai'
patê (m)	အနှစ်အခဲပျော	ahni' akhe pjo.
fígado (m)	အသည်း	athe:
carne (f) moída	ကြိတ်သား	kjei' tha:
língua (f)	လျှာ	sha
ovo (m)	ဥ	u.
ovos (m pl)	ဥများ	u. mja:
clara (f) do ovo	အကာ	aka
gema (f) do ovo	အနှစ်	ahni'
peixe (m)	ငါး	nga:
mariscos (m pl)	ပင်လယ်အစားအစာ	pin le asa: asa
crustáceos (m pl)	အခွံမာရေနေသတ္တဝါ	akhun ma jei nei dha' ta. wa
caviar (m)	ငါးဥ	nga: u.
caranguejo (m)	ကကန်း	kanan:
camarão (m)	ပုစွန်	bazun
ostra (f)	ကမာကောင်	kama kaun
lagosta (f)	ကျောက်ပုစွန်	kjau' pu. zun
polvo (m)	ရေဘဝဲသား	jei ba. we: dha:
lula (f)	ပြည်ကြီးငါး	pjei gji: nga:
esturjão (m)	စတာဂျင်ငါး	sata gjin nga:
salmão (m)	ဆော်လမွန်ငါး	hso: la. mun nga:
halibute (m)	ပင်လယ်ငါးကြီးသား	pin le nga: gji: dha:
bacalhau (m)	ငါးကြီးဆီထုတ်သောငါး	nga: gji: zi dou' de. nga:

cavala, sarda (f)	မက်ကရယ်ငါး	me' ka. je nga:
atum (m)	တူနာငါး	tu na nga:
enguia (f)	ငါးရှဉ့်	nga: shin.
truta (f)	ထရောက်ငါး	hta. jau' nga:
sardinha (f)	ငါးသေတ္တာငါး	nga: dhei ta' nga:
lúcio (m)	ပိုက်ငါး	pai' nga
arenque (m)	ငါးသာလောက်	nga: dha. lau'
pão (m)	ပေါင်မုန့်	paun moun.
queijo (m)	ဒိန်ခဲ	dain ge:
açúcar (m)	သကြား	dhagja:
sal (m)	ဆား	hsa:
arroz (m)	ဆန်စပါး	hsan zaba
massas (f pl)	အီတာလီခေါက်ဆွဲ	ita. li khau' hswe:
talharim (m)	ခေါက်ဆွဲ	gau' hswe:
manteiga (f)	ထောပတ်	hto: ba'
óleo (m) vegetal	ဆီ	hsi
óleo (m) de girassol	နေကြာပန်းဆီ	nei gja ban: zi
margarina (f)	ဟင်းရွက်အဆီခဲ	hin: jwe' ahsi khe:
azeitonas (f pl)	သံလွင်သီး	than lun dhi:
azeite (m)	သံလွင်ဆီ	than lun zi
leite (m)	နွားနို့	nwa: nou.
leite (m) condensado	နို့ဆီ	ni. zi
iogurte (m)	ဒိန်ချဉ်	dain gjin
nata (f) azeda	နို့ချဉ်	nou. gjin
nata (f) do leite	မလိုင်	ma. lain
maionese (f)	ခပ်ပျစ်ပျစ်စားပြန်ရည်	kha' pji' pji' sa: mjein jei
creme (m)	ထောပတ်မလိုင်	hto: ba' ma. lein
grãos (m pl) de cereais	နှံစားဖွဲ	nhnan za: zei.
farinha (f)	ဂျုံမှုန့်	gjoun hmoun.
enlatados (m pl)	စည်သွပ်ဘူးများ	si dhwa' bu: mja:
flocos (m pl) de milho	ပြောင်းဖူးမှုန့်ဆန်း	pjaun: bu: moun. zan:
mel (m)	ပျားရည်	pja: je
doce (m)	ယို	jou
pastilha (f) elástica	ပီကေ	pi gei

36. Bebidas

água (f)	ရေ	jei
água (f) potável	သောက်ရေ	thau' jei
água (f) mineral	ဓာတ်ဆားရည်	da' hsa: ji
sem gás	ဂတ်စ်မပါသော	ga' s ma. ba de.
gaseificada	ဂတ်စ်ပါသော	ga' s ba de.
com gás	စပါကလင်	saba ga. lin
gelo (m)	ရေခဲ	jei ge:

com gelo	ရေခဲနှင့်	jei ge: hnin.
sem álcool	အယ်လ်ကိုဟောမပါသော	e kou ho: ma. ba de.
bebida (f) sem álcool	အယ်လ်ကိုဟောမဟုတ်သော သောက်စရာ	e kou ho: ma. hou' te. dhau' sa. ja
refresco (m)	အအေး	aei:
limonada (f)	လီမွန်ဖျော်ရည်	li mun hpjo ji
bebidas (f pl) alcoólicas	အယ်လ်ကိုဟောပါဝင်သော သောက်စရာ	e kou ho: ba win de. dhau' sa. ja
vinho (m)	ဝိုင်	wain
vinho (m) branco	ဝိုင်ဖြူ	wain gju
vinho (m) tinto	ဝိုင်နီ	wain ni
licor (m)	အရက်ချိုပြင်း	aje' gjou pjin
champanhe (m)	ရှန်ပိန်	shan pein
vermute (m)	ရန်သင်းသောဆေးဖိမ်ဝိုင်	jan dhin: dho: zei: zein wain
uísque (m)	ဝီစကီ	wi sa. gi
vodka (f)	ဗော့ကာ	bo ga
gim (m)	ဂျင်	gjin
conhaque (m)	ကော့ညက်	ko. nja'
rum (m)	ရမ်	ran
café (m)	ကော်ဖီ	ko hpi
café (m) puro	ဘလက်ကော်ဖီ	ba. le' ko: phi
café (m) com leite	ကော်ဖီနို့ရော	ko hpi ni. jo:
cappuccino (m)	ကပူချီနို	ka. pu chi ni.
café (m) solúvel	ကော်ဖီမစ်	ko hpi mi'
leite (m)	နွားနို့	nwa: nou.
coquetel (m)	ကော့တေး	ko. dei:
batido (m) de leite	မစ်ရှိတ်	mi' shei'
sumo (m)	အချိုရည်	achou ji
sumo (m) de tomate	ခရမ်းချဉ်သီးအချိုရည်	khajan: chan dhi: achou jei
sumo (m) de laranja	လိမ္မော်ရည်	limmo ji
sumo (m) fresco	အသီးဖျော်ရည်	athi: hpjo je
cerveja (f)	ဘီယာ	bi ja
cerveja (f) clara	အရောင်ဖျော့သောဘီယာ	ajaun bjau. de. bi ja
cerveja (f) preta	အရောင်ရင့်သောဘီယာ	ajaun jin. de. bi ja
chá (m)	လက်ဖက်ရည်	le' hpe' ji
chá (m) preto	လက်ဖက်နက်	le' hpe' ne'
chá (m) verde	လက်ဖက်စိမ်း	le' hpe' sein:

37. Vegetais

legumes (m pl)	ဟင်းသီးဟင်းရွက်	hin: dhi: hin: jwe'
verduras (f pl)	ဟင်းခတ်အမွှေးရွက်	hin: ga' ahmwei: jwe'
tomate (m)	ခရမ်းချဉ်သီး	khajan: chan dhi:
pepino (m)	သခွါးသီး	thakhwa: dhi:
cenoura (f)	မုန်လာဥနီ	moun la u. ni

batata (f)	အာလူး	a lu:
cebola (f)	ကြက်သွန်နီ	kje' thwan ni
alho (m)	ကြက်သွန်ဖြူ	kje' thwan bju

couve (f)	ဂေါ်ဘီ	go bi
couve-flor (f)	ပန်းဂေါ်ဘီ	pan: gozi
couve-de-bruxelas (f)	ဂေါ်ဘီထုပ်အသေးစား	go bi dou' athei: za:
brócolos (m pl)	ပန်းဂေါ်ဘီအစိမ်း	pan: gozi asein:

beterraba (f)	မုန်လာဥနီလုံး	moun la u. ni loun:
beringela (f)	ခရမ်းသီး	khajan: dhi:
curgete (f)	ဘူးသီး	bu: dhi:
abóbora (f)	ဖရုံသီး	hpa joun dhi:
nabo (m)	တရုတ်မုန်လာဥ	tajou' moun la u.

salsa (f)	တရုတ်နံနံပင်	tajou' nan nan bin
funcho, endro (m)	စမ်းချိပ်ပင်	samjei' pin
alface (f)	ဆလပ်ရွက်	hsa. la' jwe'
aipo (m)	တရုတ်နံနံကြီး	tajou' nan nan gji:
espargo (m)	ကညွှတ်မာပင်	ka. nju' ma bin
espinafre (m)	ဒေါင်ခွ	dau' khwa.

ervilha (f)	ပဲစေ့	pe: zei.
fava (f)	ပဲအမျိုးမျိုး	pe: amjou: mjou:
milho (m)	ပြောင်းဖူး	pjaun: bu:
feijão (m)	ဘို့လ်စားပဲ	bou za: be:

pimentão (m)	ငရုတ်သီး	nga jou' thi:
rabanete (m)	မုန်လာဥသေး	moun la u. dhei:
alcachofra (f)	အာတီချော့	a ti cho.

38. Frutos. Nozes

fruta (f)	အသီး	athi:
maçã (f)	ပန်းသီး	pan: dhi:
pera (f)	သစ်တော်သီး	thi' to dhi:
limão (m)	သံပုယိုသီး	than bu. jou dhi:
laranja (f)	လိမ္မော်သီး	limmo dhi:
morango (m)	စတော်ဘယ်ရီသီး	sato be ri dhi:

tangerina (f)	ပျားလိမ္မော်သီး	pja: lein mo dhi:
ameixa (f)	ဆီးသီး	hsi: dhi:
pêssego (m)	မက်မွန်သီး	me' mwan dhi:
damasco (m)	တရုတ်ဆီးသီး	jau' hsi: dhi:
framboesa (f)	ရက်စဘယ်ရီ	re' sa be ji
ananás (m)	နာနတ်သီး	na na' dhi:

banana (f)	ငှက်ပျောသီး	hnge' pjo: dhi:
melancia (f)	ဖရဲသီး	hpa. je: dhi:
uva (f)	စပျစ်သီး	zabji' thi:
ginja (f)	ချယ်ရီချဉ်သီး	che ji gjin dhi:
cereja (f)	ချယ်ရီချိုသီး	che ji gjou dhi:
meloa (f)	သခွားမွှေးသီး	thakhwa: hmwei: dhi:
toranja (f)	ကရိတ်ဖရုတ်သီး	ga. ri' hpa. ju dhi:

abacate (m)	ထောပတ်သီး	hto: ba' thi:
papaia (f)	သဘော်သီး	thin: bo: dhi:
manga (f)	သရက်သီး	thaje' thi:
romã (f)	တလည်းသီး	tale: dhi:

groselha (f) vermelha	အနီရောင်ဘယ်ရီသီး	ani jaun be ji dhi:
groselha (f) preta	ဘလက်ကားရန့်	ba. le' ka: jan.
groselha (f) espinhosa	ကာလားသီးဖြူ	ka. la: his: hpju
mirtilo (m)	ဘီဘယ်ရီအသီး	bi: be ji athi:
amora silvestre (f)	ရှမ်းဆီးသီး	shan: zi: di:

uvas (f pl) passas	စပျစ်သီးခြောက်	zabji' thi: gjau'
figo (m)	သဖန်းသီး	thahpjan: dhi:
tâmara (f)	စွန်ပလွံသီး	sun palun dhi:

amendoim (m)	မြေပဲ	mjei be:
amêndoa (f)	ဗာဒံသီး	ba dan di:
noz (f)	သစ်ကြားသီး	thi' kja: dhi:
avelã (f)	ဟောဇယ်သီး	ho: ze dhi:
coco (m)	အုန်းသီး	aun: dhi:
pistáchios (m pl)	ခွာမာသီး	khwan ma dhi:

39. Pão. Bolaria

pastelaria (f)	မုန့်ဂျို	moun. gjou
pão (m)	ပေါင်မုန့်	paun moun.
bolacha (f)	ဘီစကစ်	bi za. ki'

chocolate (m)	ချောကလက်	cho: ka. le'
de chocolate	ချောကလက်အရသာရှိသော	cho: ka. le' aja. dha shi. de.
rebuçado (m)	သကြားလုံး	dhagja: loun:
bolo (cupcake, etc.)	ကိတ်	kei'
bolo (m) de aniversário	ကိတ်မုန့်	kei' moun.

tarte (~ de maçã)	ပိုင်မုန့်	pain hmoun.
recheio (m)	သွပ်ထားသောအစာ	thu' hta: dho: asa

doce (m)	ယို	jou
geleia (f) de frutas	အထူးပြုလုပ်ထားသော ယို	a htu: bju. lou' hta: de. jou
waffle (m)	ဝေဖာ	wei hpa
gelado (m)	ရေခဲမုန့်	jei ge: moun.
pudim (m)	ပူတင်း	pu tin:

40. Pratos cozinhados

prato (m)	ဟင်းပွဲ	hin: bwe:
cozinha (~ portuguesa)	အစားအသောက်	asa: athau'
receita (f)	ဟင်းချက်နည်း	hin; gji' ne:
porção (f)	တစ်ယောက်စာဟင်းပွဲ	ti' jau' sa hin: bwe:

salada (f)	အသုပ်	athou'
sopa (f)	စွပ်ပြုတ်	su' pjou'

caldo (m)	ဟင်းရည်	hin: ji
sandes (f)	အသားညှပ်ပေါင်မုန့်	atha: hnja' paun moun.
ovos (m pl) estrelados	ကြက်ဉကြော်	kje' u. kjo
hambúrguer (m)	ဟန်ဘာဂါ	han ba ga
bife (m)	အမဲသားတုံး	ame: dha: doun:
conduto (m)	အရံဟင်း	ajan hin:
espaguete (m)	အီတာလီခေါက်ဆွဲ	ita. li khau' hswe:
puré (m) de batata	အာလူးနွားနို့ဖျော်	a luu: nwa: nou. bjo
pizza (f)	ပီဇာ	pi za
papa (f)	အုတ်ဂျုံယာဂု	ou' gjoun ja gu.
omelete (f)	ကြက်ဥခေါက်ကြော်	kje' u. khau' kjo
cozido em água	ပြုတ်ထားသော	pjou' hta: de.
fumado	ကင်တင်ထားသော	kja' tin da: de.
frito	ကြော်ထားသော	kjo da de.
seco	ခြောက်နေသော	chau' nei de.
congelado	အေးခဲနေသော	ei: khe: nei de.
em conserva	သားရည်စိမ်ထားသော	hsa:
doce (açucarado)	ချိုသော	chou de.
salgado	ငန်သော	ngan de.
frio	အေးသော	ei: de.
quente	ပူသော	pu dho:
amargo	ခါးသော	kha: de.
gostoso	အရသာရှိသော	aja. dha shi. de.
cozinhar (em água a ferver)	ပြုတ်သည်	pjou' te
fazer, preparar (vt)	ချက်သည်	che' de
fritar (vt)	ကြော်သည်	kjo de
aquecer (vt)	အပူပေးသည်	apu bei: de
salgar (vt)	သားထည့်သည်	hsa: hte. de
apimentar (vt)	အစပ်ထည့်သည်	asin hte. dhe
ralar (vt)	ခြစ်သည်	chi' te
casca (f)	အခွံ	akhun
descascar (vt)	အခွံနှာသည်	akhun hnwa de

41. Especiarias

sal (m)	သား	hsa:
salgado	ငန်သော	ngan de.
salgar (vt)	သားထည့်သည်	hsa: hte. de
pimenta (f) preta	ငရုတ်ကောင်း	nga jou' kaun:
pimenta (f) vermelha	ငရုတ်သီး	nga jou' thi:
mostarda (f)	မုန်ညင်း	moun njin:
raiz-forte (f)	သဘော်ဒန့်သလွန်	thin: bo: dan. dha lun
condimento (m)	ဟင်းခတ်အမွှန်အမျိုးမျိုး	hin: ga' ahnun. amjou: mjou:
especiaria (f)	ဟင်းခတ်အမွှေးအကြိုင်	hin: ga' ahmwei: akjain
molho (m)	ဆော့	hso.
vinagre (m)	ရှာလကာရည်	sha la. ga je

anis (m)	စမုန်စပါးပင်	samoun zaba: bin
manjericão (m)	ပင်စိမ်း	pin zein:
cravo (m)	လေးညှင်း	lei: hnjin:
gengibre (m)	ဂျင်း	gjin:
coentro (m)	နံနံပင်	nan nan bin
canela (f)	သစ်ကြံပိုးခေါက်	thi' kjan bou: gau'
sésamo (m)	နှမ်း	hnan:
folhas (f pl) de louro	ကရဝေးရွက်	ka ja wei: jwe'
páprica (f)	ပန်းငရုတ်မှုန့်	pan: nga. jou' hnoun.
cominho (m)	ကရဝေး	ka. ja. wei:
açafrão (m)	ကုံကုမံ	koun kou man

42. Refeições

comida (f)	အစားအစာ	asa: asa
comer (vt)	စားသည်	sa: de
pequeno-almoço (m)	နံနက်စာ	nan ne' za
tomar o pequeno-almoço	နံနက်စာစားသည်	nan ne' za za: de
almoço (m)	နေ့လယ်စာ	nei. le za
almoçar (vi)	နေ့လယ်စာစားသည်	nei. le za za de
jantar (m)	ညစာ	nja. za
jantar (vi)	ညစာစားသည်	nja. za za: de
apetite (m)	စားချင်စိတ်	sa: gjin zei'
Bom apetite!	စားကောင်းပါစေ	sa: gaun: ba zei
abrir (~ uma lata, etc.)	ဖွင့်သည်	hpwin. de
derramar (vt)	ဖိတ်ကျသည်	hpi' kja de
derramar-se (vr)	မှောက်သည်	hmau' de
ferver (vi)	ဆူပွက်သည်	hsu. bwe' te
ferver (vt)	ဆူပွက်သည်	hsu. bwe' te
fervido	ဆူပွက်ထားသော	hsu. bwe' hta: de.
arrefecer (vt)	အအေးခံသည်	aei: gan de
arrefecer-se (vr)	အေးသွားသည်	ei: dhwa: de
sabor, gosto (m)	အရသာ	aja. dha
gostinho (m)	ပအာချင်း	pa. achin:
fazer dieta	ဝိတ်ချသည်	wei' cha. de
dieta (f)	ဓာတ်စာ	da' sa
vitamina (f)	ဗီတာမင်	bi ta min
caloria (f)	ကယ်လိုရီ	ke lou ji
vegetariano (m)	သက်သက်လွတ်စားသူ	the' the' lu' za: dhu
vegetariano	သက်သက်လွတ်စားသော	the' the' lu' za: de.
gorduras (f pl)	အဆီ	ahsi
proteínas (f pl)	အသားဓာတ်	atha: da'
carboidratos (m pl)	ကစီဓာတ်	ka. zi da'
fatia (~ de limão, etc.)	အချပ်	acha'
pedaço (~ de bolo)	အတုံး	atoun:
migalha (f)	အစအန	asa an

43. Por a mesa

colher (f)	ဇွန်း	zun:
faca (f)	ဓား	da:
garfo (m)	ခက်ရင်း	khajin:
chávena (f)	ခွက်	khwe'
prato (m)	ပန်းကန်ပြား	bagan: bja:
pires (m)	အောက်ခံပန်းကန်ပြား	au' khan ban: kan pja:
guardanapo (m)	လက်သုတ်ပုဝါ	le' thou' pu. wa
palito (m)	သွားကြားထိုးတံ	thwa: kja: dou: dan

44. Restaurante

restaurante (m)	စားသောက်ဆိုင်	sa: thau' hsain
café (m)	ကော်ဖီဆိုင်	ko hpi zain
bar (m), cervejaria (f)	ဘား	ba:
salão (m) de chá	လက်ဖက်ရည်ဆိုင်	le' hpe' ji zain
empregado (m) de mesa	စားပွဲထိုး	sa: bwe: dou:
empregada (f) de mesa	စားပွဲထိုးမိန်းကလေး	sa: bwe: dou: mein: ga. lei:
barman (m)	အရက်ဘားဝန်ထမ်း	aje' ba: wun dan:
ementa (f)	စားသောက်ဖွယ်စာရင်း	sa: thau' hpwe za jin:
lista (f) de vinhos	ဝိုင်စာရင်း	wain za jin:
reservar uma mesa	စားပွဲကြိုတင်မှာယူသည်	sa: bwe: gjou din hma ju de
prato (m)	ဟင်းပွဲ	hin: bwe:
pedir (vt)	မှာသည်	hma de
fazer o pedido	မှာသည်	hma de
aperitivo (m)	နှုတ်မြိန်လေး	hna' mjein zei:
entrada (f)	နှုတ်မြိန်စာ	hna' mjein za
sobremesa (f)	အချို့ပွဲ	achou bwe:
conta (f)	ကျသင့်ငွေ	kja. thin. ngwei
pagar a conta	ကုန်ကျငွေရှင်းသည်	koun gja ngwei shin: de
dar o troco	ပြန်အမ်းသည်	pjan an: de
gorjeta (f)	မုန့်ဖိုး	moun. bou:

Família, parentes e amigos

45. Informação pessoal. Formulários

nome (m)	အမည်	amji
apelido (m)	မိသားစုအမည်	mi. dha: zu. amji
data (f) de nascimento	မွေးနေ့	mwei: nei.
local (m) de nascimento	မွေးရပ်	mwer: ja'
nacionalidade (f)	လူမျိုး	lu mjou:
lugar (m) de residência	နေရပ်ဒေသ	nei ja' da. dha.
país (m)	နိုင်ငံ	nain ngan
profissão (f)	အလုပ်အကိုင်	alou' akain
sexo (m)	လိင်	lin
estatura (f)	အရပ်	aja'
peso (m)	ကိုယ်အလေးချိန်	kou alei: chain

46. Membros da família. Parentes

mãe (f)	အမေ	amei
pai (m)	အဖေ	ahpei
filho (m)	သား	tha:
filha (f)	သမီး	thami:
filha (f) mais nova	သမီးအငယ်	thami: ange
filho (m) mais novo	သားအငယ်	tha: ange
filha (f) mais velha	သမီးအကြီး	thami: akji:
filho (m) mais velho	သားအကြီး	tha: akji:
irmão (m)	ညီအစ်ကို	nji a' kou
irmão (m) mais velho	အစ်ကို	akou
irmão (m) mais novo	ညီ	nji
irmã (f)	ညီအစ်မ	nji a' ma
irmã (f) mais velha	အစ်မ	ama.
irmã (f) mais nova	ညီမ	nji ma.
primo (m)	ဝမ်းကွဲအစ်ကို	wan: kwe: i' kou
prima (f)	ဝမ်းကွဲညီမ	wan: kwe: nji ma.
mamã (f)	မေမေ	mei mei
papá (m)	ဖေဖေ	hpei hpei
pais (pl)	မိဘတွေ	mi. ba. dwei
criança (f)	ကလေး	kalei:
crianças (f pl)	ကလေးများ	kalei: mja:
avó (f)	အဘွား	ahpwa
avô (m)	အဘိုး	ahpou:

neto (m)	မြေး	mjei:
neta (f)	မြေးမ	mjei: ma.
netos (pl)	မြေးများ	mjei: mja:
tio (m)	ဦးလေး	u: lei:
tia (f)	အဒေါ်	ado
sobrinho (m)	တူ	tu
sobrinha (f)	တူမ	tu ma.
sogra (f)	ယောက္ခမ	jau' khama.
sogro (m)	ယောက္ခထီး	jau' khadi:
genro (m)	သားမက်	tha: me'
madrasta (f)	မိထွေး	mi. dwei:
padrasto (m)	ပထွေး	pahtwei:
criança (f) de colo	နို့စို့ကလေး	nou. zou. galei:
bebé (m)	ကလေးငယ်	kalei: nge
menino (m)	ကလေး	kalei:
mulher (f)	မိန်းမ	mein: ma.
marido (m)	ယောက်ျား	jau' kja:
esposo (m)	ခင်ပွန်း	khin bun:
esposa (f)	ဇနီး	zani:
casado	မိန်းမရှိသော	mein: ma. shi. de.
casada	ယောက်ျားရှိသော	jau' kja: shi de
solteiro	လူလွတ်ဖြစ်သော	lu lu' hpji te.
solteirão (m)	လူပျို	lu bjou
divorciado	တစ်ခုလပ်ဖြစ်သော	ti' khu. la' hpji' te.
viúva (f)	မုဆိုးမ	mu. zou: ma.
viúvo (m)	မုဆိုးဖို	mu. zou: bou
parente (m)	ဆွေမျိုး	hswe mjou:
parente (m) próximo	ဆွေမျိုးရင်းချာ	hswe mjou: jin: gja
parente (m) distante	ဆွေမျိုးနီးစပ်	hswe mjou: ni: za'
parentes (m pl)	ဆွေရျင်းများ	mwei: chin: mja:
órfão (m), órfã (f)	မိဘမဲ့	mi. ba me.
órfão (m)	မိဘမဲ့ကလေး	mi. ba me. ga lei:
órfã (f)	မိဘမဲ့ကလေးမ	mi. ba me. ga lei: ma
tutor (m)	အုပ်ထိန်းသူ	ou' htin: dhu
adotar (um filho)	သားအဖြစ်မွေးစားသည်	tha: ahpji' mwei za: de
adotar (uma filha)	သမီးအဖြစ်မွေးစားသည်	thami: ahpji' mwei za: de

Medicina

47. Doenças

doença (f)	ရောဂါ	jo: ga
estar doente	ဖျားနာသည်	hpa: na de
saúde (f)	ကျန်းမာရေး	kjan: ma jei:
nariz (m) a escorrer	နာစေးခြင်း	hna zei: gjin:
amigdalite (f)	အာသီးရောင်ခြင်း	a sha. jaun gjin:
constipação (f)	အအေးမိခြင်း	aei: mi. gjin:
constipar-se (vr)	အအေးမိသည်	aei: mi. de
bronquite (f)	လျောင်းဆိုးရင်ကျပ်နာ	gaun: ou: jin gja' na
pneumonia (f)	အဆုတ်ရောင်ရောဂါ	ahsou' jaun jo: ga
gripe (f)	တုပ်ကွေး	tou' kwei:
míope	အဝေးမှုန်သော	awei: hmun de.
presbita	အနီးမှုန်	ani: hmoun
estrabismo (m)	မျက်စိစွေခြင်း	mje' zi. zwei gjin:
estrábico	မျက်စိစွေသော	mje' zi. zwei de.
catarata (f)	နာမကျန်းဖြစ်ခြင်း	na. ma. gjan: bji' chin:
glaucoma (m)	ရေတိမ်	jei dein
AVC (m), apoplexia (f)	လေသင်တုန်းဖြတ်ခြင်း	lei dhin doun: bja' chin:
ataque (m) cardíaco	နှလုံးဖောက်ပြန်မှု	hnaloun: bau' bjan hmu.
enfarte (m) do miocárdio	နှလုံးကြွက်သားပုပ်ခြင်း	hnaloun: gjwe' tha: bou' chin:
paralisia (f)	သွေးချာပါဒ	thwe' cha ba da.
paralisar (vt)	ဆိုင်းတွသွားသည်	hsain: dwa dhwa: de
alergia (f)	မတည့်ခြင်း	ma. de. gjin:
asma (f)	ပန်းနာ	pan: na
diabetes (f)	ဆီးချိုရောဂါ	hsi: gjou jau ba
dor (f) de dentes	သွားကိုက်ခြင်း	thwa: kai' chin:
cárie (f)	သွားပိုးစားခြင်း	thwa: pou: za: gjin:
diarreia (f)	ဝမ်းလျှောခြင်း	wan: sho: gjin:
prisão (f) de ventre	ဝမ်းချုပ်ခြင်း	wan: gjou' chin:
desarranjo (m) intestinal	ဗိုက်နာခြင်း	bai' na gjin:
intoxicação (f) alimentar	အစာအဆိပ်သင့်ခြင်း	asa: ahsei' thin. gjin:
intoxicar-se	အစားမှားခြင်း	asa: hma: gjin:
artrite (f)	အဆစ်ရောင်နာ	ahsi' jaun na
raquitismo (m)	အရိုးပျော့နာ	ajou: bjau. na
reumatismo (m)	ဒူလာ	du la
arteriosclerose (f)	နှလုံးသွေးကြော အဆိပ်တိခြင်း	hna. loun: twei: kjau ahsi pei' khin:
gastrite (f)	အစာအိမ်ရောင်ရမ်းနာ	asa: ein jaun jan: na
apendicite (f)	အူအတက်ရောင်ခြင်း	au hte' jaun gjin:

colecistite (f)	သည်းခြေပြန်ရောင်ခြင်း	thi: gjei bjun jaun gjin:
úlcera (f)	ဖက်ခွက်နာ	hpe' khwe' na

sarampo (m)	ဝက်သက်	we' the'
rubéola (f)	ဂျူကိုသိုး	gjou' thou:
ictericia (f)	အသားဝါရောဂါ	atha: wa jo: ga
hepatite (f)	အသည်းရောင်ရောဂါ	athe: jaun jau ba

esquizofrenia (f)	စိတ်ကစဉ့်ကလျားရောဂါ	sei' ga. zin. ga. lja: jo: ga
raiva (f)	ခွေးရူးပြန်ရောဂါ	khwei: ju: bjan jo: ba
neurose (f)	စိတ်မှုမမှန်ခြင်း	sei' mu ma. hman gjin:
comoção (f) cerebral	ဦးနှောက်ထိခိုက်ခြင်း	oun: hnau' hti. gai' chin:

cancro (m)	ကင်ဆာ	kin hsa
esclerose (f)	အသားမျှင်စက် မာသွားခြင်း	atha: hmjin kha' ma dwa: gjin:
esclerose (f) múltipla	အာရုံကြောပျက်စီး ရောင်ရမ်းသည့်ရောဂါ	a joun gjo: bje' si: jaun jan: dhi. jo: ga

alcoolismo (m)	အရက်နာစွဲခြင်း	aje' na zwe: gjin:
alcoólico (m)	အရက်သမား	aje' dha. ma:
sífilis (f)	ဆစ်ဖလစ်ကာလသားရောဂါ	his' hpa. li' ka la. dha: jo: ba
SIDA (f)	ကိုယ်ခံအားကျကူးစက်ရောဂါ	kou khan a: kja ku: za' jau ba

tumor (m)	အသားပို	atha: pou
maligno	ကင်ဆာဖြစ်နေသော	kin hsa bji' nei de.
benigno	ပြန့်ပွါးခြင်းမရှိသော	pjan. bwa: gjin: ma. shi. de.

febre (f)	အဖျားတက်ရောဂါ	ahpja: de' jo: ga
malária (f)	ငှက်ဖျားရောဂါ	hnge' hpja: jo: ba
gangrena (f)	ဂင်္ဂရိနာရောဂါ	gan ga. ji na jo: ba
enjoo (m)	လှိုင်းမူးခြင်း	hlain: mu: gjin:
epilepsia (f)	ဝက်ရူးပြန်ရောဂါ	we' ju: bjan jo: ga

epidemia (f)	ကပ်ရောဂါ	ka' jo ba
tifo (m)	တိုက်ဖိုက်ရောဂါ	tai' hpai' jo: ba
tuberculose (f)	တီဘီရောဂါ	ti bi jo: ba
cólera (f)	ကာလဝမ်းရောဂါ	ka la. wan: jau ga
peste (f)	ကပ်ဆိုး	ka' hsou:

48. Sintomas. Tratamentos. Parte 1

sintoma (m)	လက္ခဏာ	le' khana
temperatura (f)	အပူချိန်	apu gjein
febre (f)	ကိုယ်အပူချိန်တက်	kou apu chain de'
pulso (m)	သွေးခုန်နှုန်း	thwei: khoun hnan:

vertigem (f)	မူးနောက်ခြင်း	mu: nau' chin:
quente (testa, etc.)	ပူသော	pu dho:
calafrio (m)	တုန်ခြင်း	toun gjin:
pálido	ဖြူရောသော	hpju jo de.

tosse (f)	ချောင်းဆိုးခြင်း	gaun: zou: gjin:
tossir (vi)	ချောင်းဆိုးသည်	gaun: zou: de
espirrar (vi)	နှာချေသည်	hna gjei de

Português	Birmanês	Pronúncia
desmaio (m)	အားနည်းခြင်း	a: ne: gjin:
desmaiar (vi)	သတိလစ်သည်	dhadi. li' te

nódoa (f) negra	ပွန်းပဲ့ဒဏ်ရာ	pun: be. dan ja
galo (m)	ဆောင့်မိခြင်း	hsaun. mi. gjin:
magoar-se (vr)	ဆောင့်မိသည်	hsaun. mi. de.
pisadura (f)	ပွန်းပဲ့ဒဏ်ရာ	pun: be. dan ja
aleijar-se (vr)	ပွန်းပဲ့ဒဏ်ရာရသည်	pun: be. dan ja ja. de

coxear (vi)	ထော့နဲ့ထော့နဲ့လျှောက်သည်	hto. ne. hto. ne. shau' te
deslocação (f)	အဆစ်လွဲခြင်း	ahsi' lwe: gjin:
deslocar (vt)	အဆစ်လွဲသည်	ahsi' lwe: de
fratura (f)	ကျိုးအက်ခြင်း	kjou: e' chin:
fraturar (vt)	ကျိုးအက်သည်	kjou: e' te

corte (m)	ရှသည်	sha. de
cortar-se (vr)	ရှမိသည်	sha. mi. de
hemorragia (f)	သွေးထွက်ခြင်း	thwei: htwe' chin:

queimadura (f)	မီးလောင်သည့်ဒဏ်ရာ	mi: laun de. dan ja
queimar-se (vr)	မီးလောင်ဒဏ်ရာရသည်	mi: laun dan ja ja. de

picar (vt)	ဖောက်သည်	hpau' te
picar-se (vr)	ကိုယ်တိုင်ဖောက်သည်	kou tain hpau' te
lesionar (vt)	ထိခိုက်ဒဏ်ရာရသည်	hti. gai' dan ja ja. de
lesão (m)	ထိခိုက်ဒဏ်ရာ	hti. gai' dan ja
ferida (f), ferimento (m)	ဒဏ်ရာ	dan ja
trauma (m)	စိတ်ဒဏ်ရာ	sei' dan ja

delirar (vi)	ကယောင်ကတမ်းဖြစ်သည်	kajaun ka dan: bi' te
gaguejar (vi)	တုံ့နေ့တုံ့နေ့ဖြစ်သည်	toun. hnei: toun. hnei: bji' te
insolação (f)	အပူလျှပ်ခြင်း	apu hlja' chin

49. Sintomas. Tratamentos. Parte 2

dor (f)	နာကျင်မှု	na gjin hmu.
farpa (no dedo)	ပို့ထွက်သောအစ	pe. dwe' tho: asa.

suor (m)	ချွေး	chwei:
suar (vi)	ချွေးထွက်သည်	chwei: htwe' te
vómito (m)	အန်ခြင်း	an gjin:
convulsões (f pl)	အကြောလိုက်ခြင်း	akjo: lai' chin:

grávida	ကိုယ်ဝန်ဆောင်ထားသော	kou wun hsaun da: de.
nascer (vi)	မွေးဖွားသည်	mwei: bwa: de
parto (m)	မီးဖွားခြင်း	mi: bwa: gjin:
dar à luz	မီးဖွားသည်	mi: bwa: de
aborto (m)	ကိုယ်ဝန်ဖျက်ချခြင်း	kou wun hpje' cha chin:

respiração (f)	အသက်ရှုခြင်း	athe' shu gjin:
inspiração (f)	ဝင်လေ	win lei
expiração (f)	ထွက်လေ	htwe' lei
expirar (vi)	အသက်ရှုထုတ်သည်	athe' shu dou' te
inspirar (vi)	အသက်ရှုသွင်းသည်	athe' shu dhwin: de

inválido (m)	ကိုယ်အင်္ဂါမသန်စွမ်းသူ	kou an ga ma. dhan swan: dhu
aleijado (m)	မသန်မစွမ်းသူ	ma. dhan ma. zwan dhu
toxicodependente (m)	ဆေးစွဲသူ	hsei: zwe: dhu
surdo	နားမကြားသော	na: ma. gja: de.
mudo	ဆွံ့အသော	hsun. ade.
surdo-mudo	ဆွံ့အ နားမကြားသူ	hsun. ana: ma. gja: dhu
louco (adj.)	စိတ်မနှံ့သော	sei' ma. hnan. de.
louco (m)	စိတ်မနှံ့သူ	sei' ma. hnan. dhu
louca (f)	စိတ်ဝေဒနာရှင် မိန်းကလေး	sei' wei da. na shin mein: ga. lei:
ficar louco	ရူးသွပ်သည်	ju: dhu' de
gene (m)	မျိုးရိုးဗီဇ	mjou: jou: bi za.
imunidade (f)	ကိုယ်ခံအား	kou gan a:
hereditário	မျိုးရိုးလိုက်သော	mjou: jou: lou' te.
congénito	မွေးရာပါဖြစ်သော	mwei: ja ba bji' te.
vírus (m)	ဗိုင်းရပ်ပိုးများ	bain: ja' pou: hmwa:
micróbio (m)	အကျိဝရပ်	anu zi wa. jou'
bactéria (f)	ဘက်တီးရီးယားပိုး	be' ti: ji: ja: bou:
infeção (f)	ရောဂါကူးစက်မှု	jo ga gu: ze' hmu.

50. Sintomas. Tratamentos. Parte 3

hospital (m)	ဆေးရုံ	hsei: joun
paciente (m)	လူနာ	lu na
diagnóstico (m)	ရောဂါစစ်ဆေးခြင်း	jo ga zi' hsei: gjin:
cura (f)	ဆေးကုထုံး	hsei: ku. doun:
tratamento (m) médico	ဆေးဝါးကုသမှု	hsei: wa: gu. dha. hmu.
curar-se (vr)	ဆေးကုသမှုခံယူသည်	hsei: ku. dha. hmu. dha de
tratar (vt)	ပြုစုသည်	pju. zu. de
cuidar (pessoa)	ပြုစုစောင့်ရှောက်သည်	pju. zu. zaun. shau' te
cuidados (m pl)	ပြုစုစောင့်ရှောက်ခြင်း	pju. zu. zaun. shau' chin:
operação (f)	ခွဲစိတ်ကုသခြင်း	khwe: zei' ku. dha. hin:
enfaixar (vt)	ပတ်တီးစည်းသည်	pa' ti: ze: de
enfaixamento (m)	ပတ်တီးစည်းခြင်း	pa' ti: ze: gjin:
vacinação (f)	ကာကွယ်ဆေးထိုးခြင်း	ka gwe hsei: dou: gjin:
vacinar (vt)	ကာကွယ်ဆေးထိုးသည်	ka gwe hsei: dou: de
injeção (f)	ဆေးထိုးခြင်း	hsei: dou: gjin:
dar uma injeção	ဆေးထိုးသည်	hsei: dou: de
ataque (~ de asma, etc.)	ရောဂါ ရုတ်တရက်ကျရောဂါခြင်း	jo ga jou' ta. je' kja. jau' chin:
amputação (f)	ဖြတ်တောက်ကုသခြင်း	hpja' tau' ku. dha gjin:
amputar (vt)	ဖြတ်တောက်ကုသသည်	hpja' tau' ku. dha de
coma (f)	မေ့မြောခြင်း	mei. mjo: gjin:
estar em coma	မေ့မြောသည်	mei. mjo: de
reanimação (f)	အစွမ်းကုန်ပြုစုခြင်း	aswan: boun bju. zu. bjin:
recuperar-se (vr)	ရောဂါသက်သာလာသည်	jo ga dhe' tha la de

estado (~ de saúde)	ကျန်းမာရေးအခြေအနေ	kjan: ma jei: achei a nei
consciência (f)	ပြန်လည်သတိရလာခြင်း	pjan le dhadi. ja. la. gjin:
memória (f)	မှတ်ဉာဏ်	hma' njan
tirar (vt)	နုတ်သည်	hna' te
chumbo (m), obturação (f)	သွားပေါက်ဖာဆေးမှု	thwa: bau' hpa dei: hmu.
chumbar, obturar (vt)	ဖာသည်	hpa de
hipnose (f)	အိပ်မွေ့ရခြင်း	ei' mwei. gja. gjin:
hipnotizar (vt)	အိပ်မွေ့ရသည်	ei' mwei. gja. de

51. Médicos

médico (m)	ဆရာဝန်	hsa ja wun
enfermeira (f)	သူနာပြု	thu na bju.
médico (m) pessoal	ကိုယ်ရေး ဆရာဝန်	kou jei: hsaja wun
dentista (m)	သွားဆရာဝန်	thwa: hsaja wun
oculista (m)	မျက်စိဆရာဝန်	mje' si. za. ja wun
terapeuta (m)	ရောဂါရှာဖွေရေးဆရာဝန်	jo ga sha bwei jei: hsaja wun
cirurgião (m)	ခွဲစိတ်ကုဆရာဝန်	khwe: hsei' ku hsaja wun
psiquiatra (m)	စိတ်ရောဂါအထူးကုဆရာဝန်	sei' jo: ga ahtu: gu. zaja wun
pediatra (m)	ကလေးအထူးကုဆရာဝန်	kalei: ahtu: ku. hsaja wun
psicólogo (m)	စိတ်ပညာရှင်	sei' pjin nja shin
ginecologista (m)	မီးယပ်ရောဂါအထူး ကုဆရာဝန်	mi: ja' jo: ga ahtu: gu za. ja wun
cardiologista (m)	နှလုံးရောဂါအထူး ကုဆရာဝန်	hnaloun: jo: ga ahtu: gu. zaja wun

52. Medicina. Drogas. Acessórios

medicamento (m)	ဆေးဝါး	hsei: wa:
remédio (m)	ကုသခြင်း	ku. dha. gjin:
receitar (vt)	ဆေးအညွှန်းပေးသည်	hsa: ahnjun: bwe: de
receita (f)	ဆေးညွှန်း	hsei: hnjun:
comprimido (m)	ဆေးပြား	hsei: bja:
pomada (f)	လိမ်းဆေး	lein: zei:
ampola (f)	ဆေးလုံးဖန်ပုလင်းငယ်	lei loun ban bu. lin: nge
preparado (m)	စပ်ဆေးရည်	sa' ei: je
xarope (m)	ဖျော်ရည်ဆီ	hpjo jei zi
cápsula (f)	ဆေးတောင့်	hsei: daun.
remédio (m) em pó	အမှုန့်	ahmoun.
ligadura (f)	ပတ်တီး	pa' ti:
algodão (m)	ဂွမ်းလိပ်	gwan: lei'
iodo (m)	တင်ဂျာအိုင်ဒင်း	tin gja ein din:
penso (m) rápido	ပလာစတာ	pa. la sata
conta-gotas (m)	မျက်စဉ်းဆတ်ကိရိယာ	mje' zin: ba' ki. ji. ja
termómetro (m)	အပူချိန်တိုင်းကိရိယာ	apu gjein dain: gi. ji. ja

seringa (f)	ဆေးထိုးပြွန်	hsei: dou: bju'
cadeira (f) de rodas	ဘီးတပ်ကုလားထိုင်	bi: da' ku. la: dain
muletas (f pl)	ချိုင်းထောက်	chain: dau'
analgésico (m)	အကိုက်အခဲပျောက်ဆေး	akai' akhe: pjau' hsei:
laxante (m)	ဝမ်းနုတ်ဆေး	wan: hnou' hsei:
álcool (m) etílico	အရက်ပျံ	aje' pjan
ervas (f pl) medicinais	ဆေးဖက်ဝင်အပင်များ	hsei: hpa' win apin mja:
de ervas (chá ~)	ဆေးဖက်ဝင်အပင်နှင့်ဆိုင်သော	hsei: hpa' win apin hnin. zain de.

HABITAT HUMANO

Cidade

53. Cidade. Vida na cidade

cidade (f)	မြို့	mjou.
capital (f)	မြို့တော်	mjou. do
aldeia (f)	ရွာ	jwa
mapa (m) da cidade	မြို့လမ်းညွှန်မြေပုံ	mjou. lan hnjun mjei boun
centro (m) da cidade	မြို့လယ်ခေါင်	mjou. le gaun
subúrbio (m)	ဆင်ခြေဖုံးအရပ်	hsin gjei aja'
suburbano	ဆင်ခြေဖုံးအရပ်ဖြစ်သော	hsin gjei hpoun aja' hpa' te.
periferia (f)	မြို့စွန်	mjou. zun
arredores (m pl)	ပတ်ဝန်းကျင်	pa' wun: gjin:
quarteirão (m)	စည်ကားရာမြို့လယ်နေရာ	si: ga: ja mjou. le nei ja
quarteirão (m) residencial	လူနေရပ်ကွက်	lu nei ja' kwe'
tráfego (m)	ယာဉ်အသွားအလာ	jin athwa: ala
semáforo (m)	မီးပွိုင့်	mi: bwain.
transporte (m) público	ပြည်သူ့ပိုင်ခရီးသွား ယို့ဆောင်ရေး	pji dhu bain gaji: dhwa: bou. zaun jei:
cruzamento (m)	လမ်းဆုံ	lan: zoun
passadeira (f)	လူကူးမျဉ်းကြား	lu gu: mji: gja:
passagem (f) subterrânea	မြေအောက်လမ်းကူး	mjei au' lan: gu:
cruzar, atravessar (vt)	လမ်းကူးသည်	lan: gu: de
peão (m)	လမ်းသွားလမ်းလာ	lan: dhwa: lan: la
passeio (m)	လူသွားလမ်း	lu dhwa: lan:
ponte (f)	တံတား	dada:
margem (f) do rio	ကမ်းနားတမံ	kan: na: da. man
fonte (f)	ရေပန်း	jei ban:
alameda (f)	ရိပ်သာလမ်း	jei' tha lan:
parque (m)	ပန်းခြံ	pan: gjan
bulevar (m)	လမ်းလယ်	lan: ge
praça (f)	ရင်ပြင်	jin bjin
avenida (f)	လမ်းမကြီး	lan: mi. gji:
rua (f)	လမ်း	lan:
travessa (f)	လမ်းသွယ်	lan: dhwe
beco (m) sem saída	လမ်းဆုံး	lan: zoun:
casa (f)	အိမ်	ein
edifício, prédio (m)	အဆောက်အဦ	ahsau' au
arranha-céus (m)	မိုးမျှော်တိုက်	mou: hmjo tou'
fachada (f)	အိမ်ရှေ့နံရံ	ein shei. nan jan

telhado (m)	အမိုး	amou:
janela (f)	ပြတင်းပေါက်	badin: pau'
arco (m)	မုဆို	mou' wa.
coluna (f)	တိုင်	tain
esquina (f)	ထောင့်	htaun.

montra (f)	ဆိုင်ရှေ့ပစ္စည်းအခင်းအကျင်း	hseun shei. bji' si: akhin: akjin:
letreiro (m)	ဆိုင်းဘုတ်	hsain: bou'
cartaz (m)	ပိုစတာ	pou sata
cartaz (m) publicitário	ကြော်ငြာပိုစတာ	kjo nja bou sata
painel (m) publicitário	ကြော်ငြာဆိုင်းဘုတ်	kjo nja zain: bou'

lixo (m)	အမှိုက်	ahmai'
cesta (f) do lixo	အမှိုက်ပုံး	ahmai' poun:
jogar lixo na rua	လွှင့်ပစ်သည်	hlwin. bi' te
aterro (m) sanitário	အမှိုက်ပုံ	ahmai' poun

cabine (f) telefónica	တယ်လီဖုန်းဆက်ရန်နေရာ	te li hpoun: ze' jan nei ja
candeeiro (m) de rua	လမ်းမီး	lan: mi:
banco (m)	ခုံတန်းရှည်	khoun dan: shei

polícia (m)	ရဲ	je:
polícia (instituição)	ရဲ	je:
mendigo (m)	သူတောင်းစား	thu daun: za:
sem-abrigo (m)	အိမ်ယာမဲ့	ein ja me.

54. Instituições urbanas

loja (f)	ဆိုင်	hsain
farmácia (f)	ဆေးဆိုင်	hsei: zain
ótica (f)	မျက်မှန်ဆိုင်	mje' hman zain
centro (m) comercial	ရေးဝင်ဇင်တာ	zei: wun zin da
supermercado (m)	ကုန်တိုက်ကြီး	koun dou' kji:

padaria (f)	မုန့်တိုက်	moun. dai'
padeiro (m)	ပေါင်မုန့်ဖုတ်သူ	paun moun. bou' dhu
pastelaria (f)	မုန့်ဆိုင်	moun. zain
mercearia (f)	ကုန်စုံဆိုင်	koun zoun zain
talho (m)	အသားဆိုင်	atha: ain

loja (f) de legumes	ဟင်းသီးဟင်းရွက်ဆိုင်	hin: dhi: hin: jwe' hsain
mercado (m)	ဈေး	zei:

café (m)	ကော်ဖီဆိုင်	ko hpi zain
restaurante (m)	စားသောက်ဆိုင်	sa: thau' hsain
bar (m), cervejaria (f)	ဘီယာဆိုင်	bi ja zain:
pizzaria (f)	ပီဇာမုန့်ဆိုင်	pi za moun. zain

salão (m) de cabeleireiro	ဆံပင်ညှပ်ဆိုင်	zain hnja' hsain
correios (m pl)	စာတိုက်	sa dai'
lavandaria (f)	အဝတ်အခြောက်လျှော်လုပ်ငန်း	awu' achou' hlo: lou' ngan:
estúdio (m) fotográfico	ဓာတ်ပုံရိုက်ခန်း	da' poun jai' khan:
sapataria (f)	ဖိနပ်ဆိုင်	hpana' sain

livraria (f)	စာအုပ်ဆိုင်	sa ou' hsain
loja (f) de artigos de desporto	အားကစားပစ္စည်းဆိုင်	a: gaza: pji' si: zain
reparação (f) de roupa	စက်ပြင်ဆိုင်	se' pjin zain
aluguer (m) de roupa	ဝတ်စုံအငှားဆိုင်	wa' zoun ahnga: zain
aluguer (m) de filmes	အခွေငှားဆိုင်	akhwei hnga: zain:
circo (m)	ဆပ်ကပ်	hsa' ka'
jardim (m) zoológico	တိရစ္ဆာန်ဥယျာဉ်	tharei' hsan u. jin
cinema (m)	ရှုပ်ရှင်ရုံ	jou' shin joun
museu (m)	ပြတိုက်	pja. dai'
biblioteca (f)	စာကြည့်တိုက်	sa gji. dai'
teatro (m)	ကဇာတ်ရုံ	ka. za' joun
ópera (f)	အော်ပရာဇာတ်ရုံ	o pa ra za' joun
clube (m) noturno	နိုက်ကလပ်	nai' ka. la'
casino (m)	လောင်းကစားရုံ	laun: gaza: joun
mesquita (f)	ဗလီ	bali
sinagoga (f)	ဂျူဟူဒီဘုရား ရှိခိုးကျောင်း	ja. hu di bu. ja: shi. gou: gjaun:
catedral (f)	ဘုရားရှိခိုးကျောင်းတော်	hpaja: gjaun: do:
templo (m)	ဘုရားကျောင်း	hpaja: gjaun:
igreja (f)	ဘုရားကျောင်း	hpaja: gjaun:
instituto (m)	တက္ကသိုလ်	te' kathou
universidade (f)	တက္ကသိုလ်	te' kathou
escola (f)	စာသင်ကျောင်း	sa dhin gjaun:
prefeitura (f)	စီရင်စုနယ်	si jin zu. ne
câmara (f) municipal	မြို့တော်ခန်းမ	mjou. do gan: ma.
hotel (m)	ဟိုတယ်	hou te
banco (m)	ဘဏ်	ban
embaixada (f)	သံရုံး	than joun:
agência (f) de viagens	ခရီးသွားလုပ်ငန်း	khaji: thwa: lou' ngan:
agência (f) de informações	သတင်းအချက်အလက်ဌာန	dhadin: akje' ale' hta. na.
casa (f) de câmbio	ငွေလဲရန်နေရာ	ngwei le: jan nei ja
metro (m)	မြေအောက်ဉမင်လမ်း	mjei au' u. min lan:
hospital (m)	ဆေးရုံ	hsei: joun
posto (m) de gasolina	ဆီဆိုင်	hsi: zain
parque (m) de estacionamento	ကားပါကင်	ka: pa kin

55. Sinais

letreiro (m)	ဆိုင်းဘုတ်	hsain: bou'
inscrição (f)	သတိပေးစာ	dhadi. pei: za
cartaz, póster (m)	ပိုစတာ	pou sata
sinal (m) informativo	လမ်းညွှန်	lan: hnjun
seta (f)	လမ်းညွှန်မြား	lan: hnjun hmja:
aviso (advertência)	သတိပေးခြင်း	dhadi. pei: gjin:
sinal (m) de aviso	သတိပေးချက်	dhadi. pei: gje'

avisar, advertir (vt)	သတိပေးသည်	dhadi. pei: de
dia (m) de folga	ရုံပိတ်ရက်	joun: bei' je'
horário (m)	အချိန်ဇယား	achein zaja:
horário (m) de funcionamento	ဖွင့်ချိန်	hpwin. gjin
BEM-VINDOS!	ကြိုဆိုပါသည်	kjou hsou ba de
ENTRADA	ဝင်ပေါက်	win bau'
SAÍDA	ထွက်ပေါက်	htwe' pau'
EMPURRE	တွန်းသည်	tun: de
PUXE	ဆွဲသည်	hswe: de
ABERTO	ဖွင့်သည်	hpwin. de
FECHADO	ပိတ်သည်	pei' te
MULHER	အမျိုးသမီးသုံး	amjou: dhami: dhoun:
HOMEM	အမျိုးသားသုံး	amjou: dha: dhoun:
DESCONTOS	လျှော့ဈေး	sho. zei:
SALDOS	လျှော့ဈေး	sho. zei:
NOVIDADE!	အသစ်	athi'
GRÁTIS	အခမဲ့	akha me.
ATENÇÃO!	သတိ	thadi.
NÃO HÁ VAGAS	အလွတ်မရှိ	alu' ma shi.
RESERVADO	ကြိုတင်မှာယူထားပြီး	kjou tin hma ju da: bji:
ADMINISTRAÇÃO	စီမံအုပ်ချုပ်ခြင်း	si man ou' chou' chin:
SOMENTE PESSOAL AUTORIZADO	အမှုထမ်းအတွက်အသာ	ahmu. htan: atwe' atha
CUIDADO CÃO FEROZ	ခွေးကိုက်တတ်သည်	khwei: kai' ta' te
PROIBIDO FUMAR!	ဆေးလိပ်မသောက်ရ	hsei: lei' ma. dhau' ja.
NÃO TOCAR	မထိရ	ma. di. ja.
PERIGOSO	အန္တရာယ်ရှိသည်	an dare shi. de.
PERIGO	အန္တရာယ်	an dare
ALTA TENSÃO	ဗို့အားပြင်း	bou. a: bjin:
PROIBIDO NADAR	ရေမကူးရ	jei ma. gu: ja.
AVARIADO	ပျက်နေသည်	pje' nei de
INFLAMÁVEL	မီးလောင်တတ်သည်	mi: laun da' te
PROIBIDO	တားမြစ်သည်	ta: mji' te
ENTRADA PROIBIDA	မကျူးကျော်ရ	ma. gju: gjo ja
CUIDADO TINTA FRESCA	ဆေးမခြောက်သေး	hsei: ma. gjau' dhei:

56. Transportes urbanos

autocarro (m)	ဘတ်စ်ကား	ba's ka:
elétrico (m)	ဓာတ်ရထား	da' ja hta:
troleicarro (m)	ဓာတ်ကား	da' ka:
itinerário (m)	လမ်းကြောင်း	lan: gjaun:
número (m)	ကားနံပါတ်	ka: nan ba'
ir de ... (carro, etc.)	ယဉ်စီးသည်	jin zi: de
entrar (~ no autocarro)	ထိုင်သည်	htain de

descer de ...	ကားပေါ်မှဆင်းသည်	ka: bo hma. zin: de
paragem (f)	မှတ်တိုင်	hma' tain
próxima paragem (f)	နောက်မှတ်တိုင်	nau' hma' tain
ponto (m) final	အဆုံးမှတ်တိုင်	ahsoun: hma' tain
horário (m)	အချိန်ဇယား	achein zaja:
esperar (vt)	စောင့်သည်	saun. de
bilhete (m)	လက်မှတ်	le' hma'
custo (m) do bilhete	ယာဉ်စီးခ	jin zi: ga.
bilheteiro (m)	ငွေကိုင်	ngwei gain
controlo (m) dos bilhetes	လက်မှတ်စစ်ဆေးခြင်း	le' hma' ti' hsei: chin
revisor (m)	လက်မှတ်စစ်ဆေးသူ	le' hma' ti' hsei: dhu:
atrasar-se (vr)	နောက်ကျသည်	nau' kja. de
perder (o autocarro, etc.)	ကားနောက်ကျသည်	ka: nau' kja de
estar com pressa	အမြန်လုပ်သည်	aman lou' de
táxi (m)	တက္ကစီ	te' kasi
taxista (m)	တက္ကစီမောင်းသူ	te' kasi maun: dhu
de táxi (ir ~)	တက္ကစီဖြင့်	te' kasi hpjin.
praça (f) de táxis	တက္ကစီစုရပ်	te' kasi zu. ja'
chamar um táxi	တက္ကစီခေါ်သည်	te' kasi go de
apanhar um táxi	တက္ကစီငှားသည်	te' kasi hnga: de
tráfego (m)	ယာဉ်အသွားအလာ	jin athwa: ala
engarrafamento (m)	ယာဉ်ကြောပိတ်ဆို့မှု	jin gjo: bei' hsou. hmu.
horas (f pl) de ponta	အလုပ်ဆင်းချိန်	alou' hsin: gjain
estacionar (vi)	ယာဉ်ရပ်နားရန်နေရာယူသည်	jin ja' na: jan nei ja ju de
estacionar (vt)	ကားအားပါကင်ထိုးသည်	ka: a: pa kin dou: de
parque (m) de estacionamento	ပါကင်	pa gin
metro (m)	မြေအောက်ဥမင်လမ်း	mjei au' u. min lan:
estação (f)	ဘူတာရုံ	bu da joun
ir de metro	မြေအောက်ရထားဖြင့်သွားသည်	mjei au' ja. da: bjin. dhwa: de
comboio (m)	ရထား	jatha:
estação (f)	ရထားဘူတာရုံ	jatha: buda joun

57. Turismo

monumento (m)	ရုပ်တု	jou' tu.
fortaleza (f)	ခံတပ်ကြီး	khwan da' kji:
palácio (m)	နန်းတော်	nan do
castelo (m)	ရဲတိုက်	je: dai'
torre (f)	မျှော်စင်	hmjo zin
mausoléu (m)	ဂူဗိမာန်	gu bi. man
arquitetura (f)	ဗိသုကာပညာ	bi. thu. ka pjin nja
medieval	အလယ်ခေတ်နှင့်ဆိုင်သော	ale khei' hnin. zain de.
antigo	ရေးကျသော	shei: gja. de
nacional	အမျိုးသားနှင့်ဆိုင်သော	amjou: dha: hnin. zain de.
conhecido	နာမည်ကြီးသော	na me gji: de.
turista (m)	ကမ္ဘာလှည့်ခရီးသည်	ga ba hli. kha. ji: de
guia (pessoa)	လမ်းညွှန်	lan: hnjun

excursão (f)	လေ့လာရေးခရီး	lei. la jei: gaji:
mostrar (vt)	ပြသည်	pja. de
contar (vt)	ပြောပြသည်	pjo: bja. de

encontrar (vt)	ရှာတွေ့သည်	sha dwei. de
perder-se (vr)	ပျောက်သည်	pjau' te
mapa (~ do metrô)	မြေပုံ	mjei boun
mapa (~ da cidade)	မြေပုံ	mjei boun

lembrança (f), presente (m)	အမှတ်တရလက်ဆောင်ပစ္စည်း	ahma' ta ra le' hsaun pji' si:
loja (f) de presentes	လက်ဆောင်ပစ္စည်းဆိုင်	le' hsaun pji' si: zain
fotografar (vt)	ဓာတ်ပုံရိုက်သည်	da' poun jai' te
fotografar-se	ဓာတ်ပုံရိုက်သည်	da' poun jai' te

58. Compras

comprar (vt)	ဝယ်သည်	we de
compra (f)	ဝယ်စရာ	we zaja
fazer compras	ဈေးဝယ်ထွက်ခြင်း	zei: we htwe' chin:
compras (f pl)	ရှော့ပင်	sho. bin:

estar aberta (loja, etc.)	ဆိုင်ဖွင့်သည်	hsain bwin. de
estar fechada	ဆိုင်ပိတ်သည်	hseun bi' te

calçado (m)	ဖိနပ်	hpana'
roupa (f)	အဝတ်အစား	awu' aza:
cosméticos (m pl)	အလှကုန်ပစ္စည်း	ahla. koun pji' si:
alimentos (m pl)	စားသောက်ကုန်	sa: thau' koun
presente (m)	လက်ဆောင်	le' hsaun

vendedor (m)	ရောင်းသူ	jaun: dhu
vendedora (f)	ရောင်းသူ	jaun: dhu

caixa (f)	ငွေရှင်းရန်နေရာ	ngwei shin: jan nei ja
espelho (m)	မှန်	hman
balcão (m)	ကောင်တာ	kaun da
cabine (f) de provas	အဝတ်လဲခန်း	awu' le: gan:

provar (vt)	တိုင်းကြည့်သည်	tain: dhi. de
servir (vi)	သင့်တော်သည်	thin. do de
gostar (apreciar)	ကြိုက်သည်	kjai' de

preço (m)	ဈေးနှုန်း	zei: hnan:
etiqueta (f) de preço	ဈေးနှုန်းကပ်ပြား	zei: hnan: ka' pja:
custar (vt)	ကုန်ကျသည်	koun mja. de
Quanto?	ဘယ်လောက်လဲ	be lau' le:
desconto (m)	လျှော့ဈေး	sho. zei:

não caro	ဈေးမကြီးသော	zei: ma. kji: de.
barato	ဈေးပေါသော	zei: po: de.
caro	ဈေးကြီးသော	zei: kji: de.
É caro	ဒါဈေးကြီးတယ်	da zei: gji: de
aluguer (m)	ငှားရမ်းခြင်း	hna: jan: chin:
alugar (vestidos, etc.)	ငှားရမ်းသည်	hna: jan: de

crédito (m)	အကြွေးစနစ်	akjwei: sani'
a crédito	အကြွေးစနစ်ဖြင့်	akjwei: sa ni' hpjin.

59. Dinheiro

dinheiro (m)	ပိုက်ဆံ	pai' hsan
câmbio (m)	လဲလှယ်ခြင်း	le: hle gjin:
taxa (f) de câmbio	ငွေလဲနှုန်း	ngwei le: hnan:
Caixa Multibanco (m)	အလိုအလျှောက်ငွေထုတ်စက်	alou aljau' ngwei htou' se'
moeda (f)	အကြွေစေ့	akjwei zei.

dólar (m)	ဒေါ်လာ	do la
euro (m)	ယူရို	ju rou

lira (f)	အီတလီ လိုင်ရာငွေ	ita. li lain ja ngwei
marco (m)	ဂျာမန်မတ်ငွေ	gja man ma' ngwei
franco (m)	ဖရန့်	hpa. jan.
libra (f) esterlina	စတာလင်ပေါင်	sata lin baun
iene (m)	ယန်း	jan:

dívida (f)	အကြွေး	akjwei:
devedor (m)	မြီစား	mji za:
emprestar (vt)	ချေးသည်	chei: de
pedir emprestado	အကြွေးယူသည်	akjwei: ju de

banco (m)	ဘဏ်	ban
conta (f)	ငွေစာရင်း	ngwei za jin:
depositar (vt)	ထည့်သည်	hte de.
depositar na conta	ငွေသွင်းသည်	ngwei dhwin: de
levantar (vt)	ငွေထုတ်သည်	ngwei dou' te

cartão (m) de crédito	အကြွေးဝယ်ကဒ်ပြား	akjwei: we ka' pja
dinheiro (m) vivo	လက်ငင်း	le' ngin:
cheque (m)	ချက်	che'
passar um cheque	ချက်ရေးသည်	che' jei: de
livro (m) de cheques	ချက်စာအုပ်	che' sa ou'

carteira (f)	ပိုက်ဆံအိတ်	pai' hsan ei'
porta-moedas (m)	ပိုက်ဆံအိတ်	pai' hsan ei'
cofre (m)	မီးခံသေတ္တာ	mi: gan dhi' ta

herdeiro (m)	အမွေစား အမွေခံ	amwei za: amwei gan
herança (f)	အမွေဆက်ခံခြင်း	amwei ze' khan gjin:
fortuna (riqueza)	အခွင့်အလမ်း	akhwin. alan:

arrendamento (m)	အိမ်ငှား	ein hnga:
renda (f) de casa	အခန်းငှားခ	akhan: hnga: ga
alugar (vt)	ငှားသည်	hnga: de

preço (m)	ဈေးနှုန်း	zei: hnan:
custo (m)	ကုန်ကျစရိတ်	koun gja. za. ji'
soma (f)	ပေါင်းလဒ်	paun: la'
gastar (vt)	သုံးစွဲသည်	thoun: zwe: de
gastos (m pl)	စရိတ်စက	zaei' zaga.

economizar (vi)	ချွေတာသည်	chwei da de
económico	တွက်ခြေကိုက်သော	twe' chei kai' te
pagar (vt)	ပေးချေသည်	pei: gjei de
pagamento (m)	ပေးချေသည့်ငွေ	pei: gjei de. ngwei
troco (m)	ပြန်အမ်းငွေ	pjan an: ngwe
imposto (m)	အခွန်	akhun
multa (f)	ဒဏ်ငွေ	dan ngwei
multar (vt)	ဒဏ်ရိုက်သည်	dan jai' de

60. Correios. Serviço postal

correios (m pl)	စာတိုက်	sa dai'
correio (m)	မေးလ်	mei: l
carteiro (m)	စာပို့သမား	sa bou. dhama:
horário (m)	ဖွင့်ချိန်	hpwin. gjin
carta (f)	စာ	sa
carta (f) registada	မှတ်ပုံတင်ပြီးသောစာ	hma' poun din bji: dho: za:
postal (m)	ပို့စကဒ်	pou. sa. ka'
telegrama (m)	ကြေးနန်း	kjei: nan:
encomenda (f) postal	ပါဆယ်	pa ze
remessa (f) de dinheiro	ငွေလွှဲခြင်း	ngwei hlwe: gjin:
receber (vt)	လက်ခံရရှိသည်	le' khan ja. shi. de
enviar (vt)	ပို့သည်	pou. de
envio (m)	ပို့ခြင်း	pou. gjin:
endereço (m)	လိပ်စာ	lei' sa
código (m) postal	စာပို့သင်္ကေတ	sa bou dhin kei ta.
remetente (m)	ပို့သူ	pou. dhu
destinatário (m)	လက်ခံသူ	le' khan dhu
nome (m)	အမည်	amji
apelido (m)	မိသားစု မျိုးရိုးနာမည်	mi. dha: zu. mjou: jou: na mji
tarifa (f)	စာပို့ နှုန်းထား	sa bou. kha. hnan: da:
ordinário	စံနှုန်းသတ်မှတ်ထားသော	san hnoun: dha' hma' hta: de.
económico	ကုန်ကျငွေသက်သာသော	koun gja ngwe dhe' dha de.
peso (m)	အလေးချိန်	alei: gjein
pesar (estabelecer o peso)	ချိန်သည်	chein de
envelope (m)	စာအိတ်	sa ei'
selo (m)	တံဆိပ်ခေါင်း	da zei' khaun:
colar o selo	တံဆိပ်ခေါင်းကပ်သည်	da zei' khaun: ka' te

Moradia. Casa. Lar

61. Casa. Eletricidade

eletricidade (f)	လျှပ်စစ်ဓာတ်အား	hlja' si' da' a:
lâmpada (f)	မီးသီး	mi: dhi:
interruptor (m)	ခလုတ်	khalou'
fusível (m)	ဖျူးစ်	hpju: s
fio, cabo (m)	ဝိုင်ယာကြိုး	wain ja gjou:
instalação (f) elétrica	လျှပ်စစ်ကြိုးသွယ်တန်းမှု	hlja' si' kjou: dhwe dan: hmu
contador (m) de eletricidade	လျှပ်စစ်စီတာ	hlja' si' si da
indicação (f), registo (m)	ပြသောပမာက	pja. dho: ba ma na.

62. Moradia. Mansão

casa (f) de campo	တောအိမ်	to: ein
vila (f)	ကမ်းခြေအပန်းဖြေအိမ်	kan: gjei apan: hpjei ein
ala (~ do edifício)	တံစက်မြိတ်	toun ze' mei'
jardim (m)	ဥယျာဉ်	u. jin
parque (m)	ပန်းခြံ	pan: gjan
estufa (f)	ဖန်လုံအိမ်	hpan ain
cuidar de ...	ပြုစုစောင့်ရှောက်သည်	pju. zu. zaun. shau' te
piscina (f)	ရေကူးကန်	jei ku: gan
ginásio (m)	အိမ်တွင်း ကျွန်းမာ ရေးလှုပ်ရှားရှုရှိ	ein dwin: gjan: ma jei: lei. gjin. joun
campo (m) de ténis	တင်းနစ်ကွင်း	tin: ni' kwin:
cinema (m)	အိမ်တွင်း ရုပ်ရှင်ရုံ	ein dwin: jou' shin joun
garagem (f)	ဂိုဒေါင်	gou daun
propriedade (f) privada	တသီးပုဂ္ဂလိက ပိုင်ဆိုင်မြေပစ္စည်း	tadhi: pou' ga li ka. bain: zain mjei pji' si:
terreno (m) privado	တသီးပုဂ္ဂလိကပိုင်နယ်မြေ	tadhi: pou' ga li ka. bain: mjei
advertência (f)	သတိပေးချက်	dhadi. pei: gje'
sinal (m) de aviso	သတိပေးဆိုင်းပုဒ်	dhadi. pei: zain: bou'
guarda (f)	လုံခြုံရေး	loun gjoun jei:
guarda (m)	လုံခြုံရေးအစောင့်	loun gjoun jei: asaun.
alarme (m)	သူခိုးလှန့်ခေါင်းလောင်း	thu khou: hlan. khaun: laun:

63. Apartamento

apartamento (m)	တိုက်ခန်း	tai' khan:
quarto (m)	အခန်း	akhan:

quarto (m) de dormir	အိပ်ခန်း	ei' khan:
sala (f) de jantar	ထမင်းစားခန်း	htamin: za: gan:
sala (f) de estar	ဧည့်ခန်း	e. gan:
escritório (m)	အိမ်တွင်းရုံးခန်းလေး	ein dwin: joun: gan: lei:
antessala (f)	ဝင်ပေါက်	win bau'
quarto (m) de banho	ရေချိုးခန်း	jei gjou gan:
toilette (lavabo)	အိမ်သာ	ein dha
teto (m)	မျက်နှာကြက်	mje' hna gje'
chão, soalho (m)	ကြမ်းပြင်	kan: pjin
canto (m)	ထောင့်	htaun.

64. Mobiliário. Interior

mobiliário (m)	ပရိဘောဂ	pa ri. bo: ga.
mesa (f)	စားပွဲ	sa: bwe:
cadeira (f)	ကုလားထိုင်	kala: dain
cama (f)	ကုတင်	ku din
divã (m)	ဆိုဖာ	hsou hpa
cadeirão (m)	လက်တင်ပါသောကုလားထိုင်	le' tin ba dho: ku. la: dain
estante (f)	စာအုပ်စင်	sa ou' sin
prateleira (f)	စင်	sin
guarda-vestidos (m)	ဗီရို	bi jou
cabide (m) de parede	နံရံကပ်အဝတ်ချိတ်စင်	nan jan ga' awu' gei' zin
cabide (m) de pé	အဝတ်ချိတ်စင်	awu' gjei' sin
cómoda (f)	အံဆွဲပါ မှန်တင်ခုံ	an. zwe: pa hman din khoun
mesinha (f) de centro	စားပွဲပု	sa: bwe: bu.
espelho (m)	မှန်	hman
tapete (m)	ကော်ဇော	ko zo:
tapete (m) pequeno	ကော်ဇော	ko zo:
lareira (f)	မီးလင်းဖို	mi: lin: bou
vela (f)	ဖယောင်းတိုင်	hpa. jaun dain
castiçal (m)	ဖယောင်းတိုင်စိုက်သောတိုင်	hpa. jaun dain zou' tho dain
cortinas (f pl)	ခန်းဆီးရှည်	khan: zi: shei
papel (m) de parede	နံရံကပ်စတ္တာ	nan jan ga' se' ku
estores (f pl)	လင်းပိုင်	jin: lei'
candeeiro (m) de mesa	စားပွဲတင်မီးအိမ်	sa: bwe: din mi: ein
candeeiro (m) de parede	နံရံကပ်မီး	nan jan ga' mi:
candeeiro (m) de pé	မတ်တပ်မီးစလောင်း	ma' ta' mi: za. laun:
lustre (m)	မီးပန်းဆိုင်	mi: ban: zain:
pé (de mesa, etc.)	ခြေထောက်	chei htau'
braço (m)	လက်တန်း	le' tan:
costas (f pl)	နောက်ဖို	nau' mi
gaveta (f)	အံဆွဲ	an. zwe:

65. Quarto de dormir

roupa (f) de cama	အိပ်ရာခင်းများ	ei' ja khin: mja:
almofada (f)	ခေါင်းအုံး	gaun: oun:
fronha (f)	ခေါင်းအုံးစွပ်	gaun: zu'
cobertor (m)	စောင်	saun
lençol (m)	အိပ်ရာခင်း	ei' ja khin:
colcha (f)	အိပ်ရာဖုံး	ei' ja hpoun:

66. Cozinha

cozinha (f)	မီးဖိုခန်း	mi: bou gan:
gás (m)	ဓာတ်ငွေ့	da' ngwei.
fogão (m) a gás	ဂတ်စ်မီးဖို	ga' s mi: bou
fogão (m) elétrico	လျှပ်စစ်မီးဖို	hlja' si' si: bou
forno (m)	မုန့်ဖုတ်ရန်ဖို	moun. bou' jan bou
forno (m) de micro-ondas	မိုက်ခရိုဝေ့ဗ်	mou' kha. jou wei. b
frigorífico (m)	ရေခဲသေတ္တာ	je ge: dhi' ta
congelador (m)	ရေခဲခန်း	jei ge: gan:
máquina (f) de lavar louça	ပန်းကန်ဆေးစက်	bagan: zei: ze'
moedor (m) de carne	အသားကြိတ်စက်	atha: kjei' za'
espremedor (m)	အသီးဖျော်စက်	athi: hpjo ze'
torradeira (f)	ပေါင်မုန့်ကင်စက်	paun moun. gin ze'
batedeira (f)	မွှေစက်	hmwei ze'
máquina (f) de café	ကော်ဖီဖျော်စက်	ko hpi hpjo ze'
cafeteira (f)	ကော်ဖီအိုး	ko hpi ou:
moinho (m) de café	ကော်ဖီကြိတ်စက်	ko hpi kjei ze'
chaleira (f)	ရေနွေးကရားအိုး	jei nwei: gaja: ou:
bule (m)	လက်ဘက်ရည်အိုး	le' be' ji ou:
tampa (f)	အိုးအဖုံး	ou: ahpoun:
coador (m) de chá	လက်ဖက်ရည်စစ်	le' hpe' ji zi'
colher (f)	ဇွန်း	zun:
colher (f) de chá	လက်ဖက်ရည်ဇွန်း	le' hpe' ji zwan:
colher (f) de sopa	အရည်သောက်ဇွန်း	aja: dhau' zun:
garfo (m)	ခက်ရင်း	khajin:
faca (f)	ဓား	da:
louça (f)	အိုးခွက်ပန်းကန်	ou: kwe' pan: gan
prato (m)	ပန်းကန်ပြား	bagan: bja:
pires (m)	အောက်ခံပန်းကန်ပြား	au' khan ban: kan pja:
cálice (m)	ဖန်ခွက်	hpan gwe'
copo (m)	ဖန်ခွက်	hpan gwe'
chávena (f)	ခွက်	khwe'
açucareiro (m)	သကြားခွက်	dhagja: khwe'
saleiro (m)	ဆားဘူး	hsa: bu:
pimenteiro (m)	ငရုတ်ကောင်းဘူး	njou' kaun: bu:

manteigueira (f)	ထောပတ်ခွက်	hto: ba' khwe'
panela, caçarola (f)	ပေါင်းအိုး	paun: ou:
frigideira (f)	ဟင်းကြော်အိုး	hin: gjo ou:
concha (f)	ဟင်းခတ်ဇွန်း	hin: ga' zun
passador (m)	ဆန်ခါ	zaga
bandeja (f)	လင်ပန်း	lin ban:
garrafa (f)	ပုလင်း	palin:
boião (m) de vidro	ဖန်ဘူး	hpan bu:
lata (f)	သံဘူး	than bu:
abre-garrafas (m)	ပုလင်းဖောက်တံ	pu. lin: bau' tan
abre-latas (m)	သံဘူးဖောက်တံ	than bu: bau' tan
saca-rolhas (m)	ဝက်အူဖောက်တံ	we' u bau' dan
filtro (m)	ရေစစ်	jei zi'
filtrar (vt)	စစ်သည်	si' te
lixo (m)	အမှိုက်	ahmai'
balde (m) do lixo	အမှိုက်ပုံး	ahmai' poun:

67. Casa de banho

quarto (m) de banho	ရေချိုးခန်း	jei gjou gan:
água (f)	ရေ	jei
torneira (f)	ရေပိုက်ခေါင်း	jei bai' khaun:
água (f) quente	ရေပူ	jei bu
água (f) fria	ရေအေး	jei ei:
pasta (f) de dentes	သွားတိုက်ဆေး	thwa: tai' hsei:
escovar os dentes	သွားတိုက်သည်	thwa: tai' te
escova (f) de dentes	သွားတိုက်တံ	thwa: tai' tan
barbear-se (vr)	ရိတ်သည်	jei' te
espuma (f) de barbear	မုတ်ဆိတ်ရိတ်သုံး ဆပ်ပြာမြှုပ်	mou' hsei' jei' thoun: za' pja hmjou'
máquina (f) de barbear	သင်တုန်းဓား	thin toun: da:
lavar (vt)	ဆေးသည်	hsei: de
lavar-se (vr)	ရေချိုးသည်	jei gjou: de
duche (m)	ရေပန်း	jei ban:
tomar um duche	ရေချိုးသည်	jei gjou: de
banheira (f)	ရေချိုးကန်	jei gjou: gan
sanita (f)	အိမ်သာ	ein dha
lavatório (m)	လက်ဆေးကန်	le' hsei: kan
sabonete (m)	ဆပ်ပြာ	hsa' pja
saboneteira (f)	ဆပ်ပြာခွက်	hsa' pja gwe'
esponja (f)	ရေမြှုပ်	jei hmjou'
champô (m)	ခေါင်းလျှော်ရည်	gaun: sho je
toalha (f)	တဘက်	tabe'
roupão (m) de banho	ရေချိုးခန်းဝတ်စုံ	jei gjou: gan: wu' soun
lavagem (f)	အဝတ်လျှော်ခြင်း	awu' sho gjin

máquina (f) de lavar	အဝတ်လျှော်စက်	awu' sho ze'
lavar a roupa	ဒိသိလျှော်သည်	dou bi jo de
detergente (m)	အဝတ်လျှော်ဆပ်ပြာမှုန့်	awu' sho hsa' pja hmun.

68. Eletrodomésticos

televisor (m)	ရုပ်မြင်သံကြားစက်	jou' mjin dhan gja: ze'
gravador (m)	အသံသွင်းစက်	athan dhwin: za'
videogravador (m)	ဗီဒီယိုပြစက်	bi di jou bja. ze'
rádio (m)	ရေဒီယို	rei di jou
leitor (m)	ပလေယာစက်	pa. lei ja ze'
projetor (m)	ဗီဒီယိုပရိုဂျက်တာ	bi di jou pa. jou gje' da
cinema (m) em casa	အိမ်တွင်းရုပ်ရှင်ခန်း	ein dwin: jou' shin gan:
leitor (m) de DVD	ဒီဗီဒီပလေယာ	di bi di ba lei ja
amplificador (m)	အသံချဲ့စက်	athan che. zek
console (f) de jogos	ဂိမ်းခလုတ်	gein: kha lou'
câmara (f) de vídeo	ဗီဒီယိုကင်မရာ	bwi di jou kin ma. ja
máquina (f) fotográfica	ကင်မရာ	kin ma. ja
câmara (f) digital	ဒီဂျစ်တယ်ကင်မရာ	digji' te gin ma. ja
aspirador (m)	ဖုန်စုပ်စက်	hpoun zou' se'
ferro (m) de engomar	မီးပူ	mi: bu
tábua (f) de engomar	မီးပူတိုက်ရန်ခင်	mi: bu tai' jan zin
telefone (m)	တယ်လီဖုန်း	te li hpoun:
telemóvel (m)	မိုဘိုင်းဖုန်း	mou bain: hpoun:
máquina (f) de escrever	လက်နှိပ်စက်	le' hnei' se'
máquina (f) de costura	အပ်ချုပ်စက်	a' chou' se'
microfone (m)	စကားပြောခွက်	zaga: bjo: gwe'
auscultadores (m pl)	နားကြပ်	na: kja'
controlo remoto (m)	အဝေးထိန်းကိရိယာ	awei: htin: ki. ja. ja
CD (m)	စီဒီပြား	si di bja:
cassete (f)	တိပ်ခွေ	tei' khwei
disco (m) de vinil	ရေးခေတ်သုံးဓာတ်ပြား	shei: gi' thoun da' pja:

ATIVIDADES HUMANAS

Emprego. Negócios. Parte 1

69. Escritório. O trabalho no escritório

escritório (~ de advogados)	ရုံး	joun:
escritório (do diretor, etc.)	ရုံးခန်း	joun: gan:
receção (f)	ကြိုဆိုလက်ခံရာနေရာ	kjou hsou le' khan ja nei ja
secretário (m)	အတွင်းရေးမှူး	atwin: jei: hmu:
secretária (f)	အတွင်းရေးမှူးမ	atwin: jei: hmu: ma
diretor (m)	ဒါရိုက်တာ	da je' ta
gerente (m)	မန်နေဂျာ	man nei gji
contabilista (m)	စာရင်းကိုင်	sajin: gain
empregado (m)	ဝန်ထမ်း	wun dan:
mobiliário (m)	ပရိဘောဂ	pa ri. bo: ga.
mesa (f)	စားပွဲ	sa: bwe:
cadeira (f)	အလုပ်ထိုင်ခုံ	alou' htain goun
bloco (m) de gavetas	အံဆွဲပါသောပ ရိဘောဂအစုံ	an. zwe: dho: pa. ji. bo: ga. soun
cabide (m) de pé	ကုတ်အင်္ကျီချိတ်စင်	kou' akji gji' sin
computador (m)	ကွန်ပျူတာ	kun pju ta
impressora (f)	ပုံနှိပ်စက်	poun nei' se'
fax (m)	ဖက်စ်ကူးစက်	hpe's ku: ze'
fotocopiadora (f)	ဓာတ်ပုံကူးစက်	da' poun gu: ze'
papel (m)	စက္ကူ	se' ku
artigos (m pl) de escritório	ရုံးသုံးကိရိယာများ	joun: dhoun: gi. ji. ja mja:
tapete (m) de rato	မောက်စ်အောက်ခံပြား	mau's au' gan bja:
folha (f) de papel	အရွက်	ajwa'
pasta (f)	ဖိုင်	hpain
catálogo (m)	စာရင်း	sajin:
diretório (f) telefónico	ဖုန်းလမ်းညွှန်	hpoun: lan: hnjun
documentação (f)	မှတ်တမ်းတင်ခြင်း	hma' tan: din gjin:
brochura (f)	ကြော်ငြာစာစောင်	kjo nja za zaun
flyer (m)	လက်ကမ်းစာစောင်	le' kan: za zaun:
amostra (f)	နမူနာ	na. mu na
formação (f)	လေ့ကျင့်ရေးအစည်းအဝေး	lei. kjin. jei: asi: awei:
reunião (f)	အစည်းအဝေး	asi: awei:
hora (f) de almoço	နေ့လည်စာစားချိန်	nei. le za za: gjein
fazer uma cópia	မိတ္တူကူးသည်	mi' tu gu: de
tirar cópias	မိတ္တူကူးသည်	mi' tu gu: de
receber um fax	ဖက်စ်လက်ခံရရှိသည်	hpe's le' khan ja. shi. de

enviar um fax	ဖက်စ်ပို့သည်	hpe's pou. de
fazer uma chamada	ဖုန်းဆက်သည်	hpoun: ze' te
responder (vt)	ဖြေသည်	hpjei de
passar (vt)	ဆက်သွယ်သည်	hse' thwe de
marcar (vt)	စီစဉ်သည်	si zin de
demonstrar (vt)	သရုပ်ပြသည်	thajou' pja. de
estar ausente	ပျက်ကွက်သည်	pje' kwe' te
ausência (f)	ပျက်ကွက်ခြင်း	pje' kwe' chin

70. Processos negociais. Parte 1

negócio (m)	လုပ်ငန်း	lou' ngan:
ocupação (f)	လုပ်ဆောင်မှု	lou' hsaun hmu.
firma, empresa (f)	စီးပွားရေးလုပ်ငန်း	si: bwa: jei: lou' ngan:
companhia (f)	ကုမ္ပဏီ	koun pani
corporação (f)	ကော်ပိုရေးရှင်း	ko bou jei: shin:
empresa (f)	စီးပွားရေးလုပ်ငန်း	si: bwa: jei: lou' ngan:
agência (f)	ကိုယ်စားလှယ်လုပ်ငန်း	kou za: hle lou' ngan:
acordo (documento)	သဘောတူညီမှုစာချုပ်	dhabo: tu nji hmu. za gjou'
contrato (m)	ကန်ထရိုက်	kan ta jou'
acordo (transação)	အပေးအယူ	apei: aju
encomenda (f)	ကြိုတင်မှာယူခြင်း	kjou din hma ju chin:
cláusulas (f pl), termos (m pl)	စည်းကမ်းချက်	si: kan: gje'
por grosso (adv)	လက်ကား	le' ka:
por grosso (adj)	လက်ကားဖြစ်သော	le' ka: bji' te.
venda (f) por grosso	လက်ကားရောင်းချမှု	le' ka: jaun: gja. hmu.
a retalho	လက်လီစနစ်	le' li za. ni'
venda (f) a retalho	လက်လီရောင်းချမှု	le' li jaun: gja. hmu.
concorrente (m)	ပြိုင်ဘက်	pjain be'
concorrência (f)	ပြိုင်ဆိုင်မှု	pjain zain hmu
competir (vi)	ပြိုင်ဆိုင်သည်	pjain zain de
sócio (m)	စီးပွားဖက်	si: bwa: be'
parceria (f)	စီးပွားဖက်ဖြစ်ခြင်း	si: bwa: be' bji' chin:
crise (f)	အခက်အခဲကာလ	akhe' akhe: ga la.
bancarrota (f)	ဒေဝါလီခံရခြင်း	dei wa li gan ja gjin
entrar em falência	ဒေဝါလီခံသည်	dei wa li gan de
dificuldade (f)	အခက်အခဲ	akhe' akhe:
problema (m)	ပြဿနာ	pjadhana
catástrofe (f)	ကပ်ဘေး	ka' bei:
economia (f)	စီးပွားရေး	si: bwa: jei:
económico	စီးပွားရေးနှင့်ဆိုင်သော	si: bwa: jei: hnin zain de.
recessão (f) económica	စီးပွားရေးကျဆင်းမှု	si: bwa: jei: gja zin: hmu.
objetivo (m)	ပန်းတိုင်	pan: dain
tarefa (f)	လုပ်ငန်းတာဝန်	lou' ngan: da wan
comerciar (vi, vt)	ကုန်သွယ်သည်	koun dhwe de

rede (de distribuição)	ကွန်ရက်	kun je'
estoque (m)	ပစ္စည်းစာရင်း	pji' si: za jin:
sortimento (m)	အဝိုင်းအရောင်း	apain: acha:
líder (m)	ခေါင်းဆောင်	gaun: zaun
grande (~ empresa)	ကြီးမားသော	kji: ma: de.
monopólio (m)	တစ်ဦးတည်းချုပ်ကိုင်ထား	ti' u: te: gjou' kain da:
teoria (f)	သီအိုရီ	thi ou ji
prática (f)	လက်တွေ့	le' twei.
experiência (falar por ~)	အတွေ့အကြုံ	atwei. akjoun
tendência (f)	ဦးတည်ရာ	u: ti ja
desenvolvimento (m)	ဖွံ့ဖြိုးတိုးတက်မှု	hpjun. bjou: dou: de' hmu.

71. Processos negociais. Parte 2

rentabilidade (f)	အကျိုးအမြတ်	akjou: amja'
rentável	အကျိုးအမြတ်ရှိသော	akjou: amja' shi. de.
delegação (f)	ကိုယ်စားလှယ်အဖွဲ့	kou za: hle ahpwe.
salário, ordenado (m)	လစာ	la. za
corrigir (um erro)	အမှားပြင်သည်	ahma: pjin de
viagem (f) de negócios	ဦးပွှဲရေးရာစဉ်	si: bwa: jei: khaji: zin
comissão (f)	ကော်မရှင်	ko ma. shin
controlar (vt)	ထိန်းချုပ်သည်	htein: gjou' te
conferência (f)	ဆွေးနွေးပွဲ	hswe: nwe: bwe:
licença (f)	လိုင်စင်	lain zin
confiável	ယုံကြည်စိတ်ချရသော	joun kji zei' cha. ja. de.
empreendimento (m)	စတင်ခြင်း	sa. tin gjin:
norma (f)	စံနှုန်း	san hnoun:
circunstância (f)	အခြေအနေ	achei anei
dever (m)	တာဝန်	ta wun
empresa (f)	အဖွဲ့အစည်း	ahpwe. asi:
organização (f)	စီစဉ်ခြင်း	si zin gjin:
organizado	စီစဉ်ထားသော	si zin dha de.
anulação (f)	ပယ်ဖျက်ခြင်း	pe hpje' chin:
anular, cancelar (vt)	ပယ်ဖျက်သည်	pe hpje' te
relatório (m)	အစီရင်ခံစာ	asi jin gan za
patente (f)	မူပိုင်ခွင့်	mu bain gwin.
patentear (vt)	မူပိုင်ခွင့်မှတ်ပုံတင်သည်	mu bain gwin. hma' poun din de
planear (vt)	စီစဉ်သည်	si zin de
prémio (m)	အပိုဆုကြေး	apou zu. gjei:
profissional	ပညာရှင်အဆင့်တတ်ကျွမ်းသော	pjin nja ahsin da' kjwan: de.
procedimento (m)	လုပ်ထုံးလုပ်နည်း	lou' htoun: lou' ne:
examinar (a questão)	စဉ်းစားသည်	sin: za: de
cálculo (m)	တွက်ချက်ခြင်း	twe' che' chin:
reputação (f)	ဂုဏ်သတင်း	goun dha din:

Português	Birmanês	Pronúncia
risco (m)	စွန့်စားခြင်း	sun. za: gjin:
dirigir (~ uma empresa)	ညွှန်ကြားသည်	hnjun gja: de
informação (f)	သတင်းအချက်အလက်	dhadin: akje' ale'
propriedade (f)	ပိုင်ဆိုင်မှု	pain zain hmu
união (f)	အသင်း	athin:
seguro (m) de vida	အသက်အာမခံ	athe' ama. khan
fazer um seguro	အာမခံသည်	a ma. gan de
seguro (m)	အာမခံ	a ma. khan
leilão (m)	လေလံပွဲ	lei lan bwe:
notificar (vt)	အကြောင်းကြားသည်	akjaun: kja: de
gestão (f)	အုပ်ချုပ်မှု	ou' chou' hmu.
serviço (indústria de ~s)	ဝန်ဆောင်မှု	wun: zaun hmu.
fórum (m)	ဖိုရမ်	hpou jan
funcionar (vi)	လည်ပတ်သည်	le ba' te
estágio (m)	အဆင့်	ahsin.
jurídico	ဥပဒေဆိုင်ရာ	u. ba. dei zain ja
jurista (m)	ရှေ့နေ	shei. nei

72. Produção. Trabalhos

Português	Birmanês	Pronúncia
usina (f)	စက်ရုံ	se' joun
fábrica (f)	အလုပ်ရုံ	alou' joun
oficina (f)	ဝပ်ရှော့	wu' sho.
local (m) de produção	ထုတ်လုပ်ရာလုပ်ငန်းခွင်	htou' lou' ja lou' ngan: gwin
indústria (f)	စက်မှုလုပ်ငန်း	se' hmu. lou' ngan:
industrial	စတ့်မှုလုပ်ငန်းနှင့်ဆိုင်သော	se' hmu. lou' ngan: hnin. zain de.
indústria (f) pesada	အကြီးစားစက်မှုလုပ်ငန်း	akji: za: ze' hmu. lou' ngan:
indústria (f) ligeira	အသေးစားစက်မှုလုပ်ငန်း	athei: za: za' hmu. lou' ngan:
produção (f)	ထုတ်ကုန်	htou' koun
produzir (vt)	ထုတ်လုပ်သည်	tou' lou' te
matérias-primas (f pl)	ကုန်ကြမ်း	koun gjan:
chefe (m) de brigada	အလုပ်သမားခေါင်း	alou' dha ma: gaun:
brigada (f)	အလုပ်သမားအဖွဲ့	alou' dha ma: ahpwe.
operário (m)	အလုပ်သမား	alou' dha ma:
dia (m) de trabalho	ရုံးဖွင့်ရက်	joun: hpwin je'
pausa (f)	ရပ်နားခြင်း	ja' na: gjin:
reunião (f)	အစည်းအဝေး	asi: awei:
discutir (vt)	ဆွေးနွေးသည်	hswe: nwe: de
plano (m)	အစီအစဉ်	asi asin
cumprir o plano	အကောင်အထည်ဖော်သည်	akaun ahte bo de
taxa (f) de produção	ကုန်ထုတ်နှုန်း	koun dou' hnan:
qualidade (f)	အရည်အသွေး	aji athwei:
controlo (m)	စစ်ဆေးခြင်း	si' hsei: gjin:
controlo (m) da qualidade	အရည်အသွေးစစ်ဆေးသုံးသပ်မှု	aji athwei: za' hsei: thon dha' hma

Português	Birmanês	Transliteração
segurança (f) no trabalho	လုပ်ငန်းခွင်လုံခြုံမှု	lou' ngan: gwin loun gjun hmu.
disciplina (f)	စည်းကမ်း	si: kan:
infração (f)	ချိုးဖောက်ခြင်း	chou: hpau' chin:
violar (as regras)	ချိုးဖောက်သည်	chou: hpau' te
greve (f)	သပိတ်မှောက်ခြင်း	thabei' hmau' chin:
grevista (m)	သပိတ်မှောက်သူ	thabei' hmau' thu
estar em greve	သပိတ်မှောက်သည်	thabei' hmau' te
sindicato (m)	အလုပ်သမားသမဂ္ဂ	alou' dha ma: dha. me' ga
inventar (vt)	တီထွင်သည်	ti htwin de
invenção (f)	တီထွင်မှု	ti htwin hmu.
pesquisa (f)	သုတေသန	thu. tei thana
melhorar (vt)	တိုးတက်ကောင်းမွန်စေသည်	tou: te' kaun: mun zei de
tecnologia (f)	နည်းပညာ	ne: bi nja
desenho (m) técnico	နည်းပညာဆိုင်ရာပုံကြမ်း	ne bi nja zain ja boun gjan:
carga (f)	ဝန်	wun
carregador (m)	ကုန်ထမ်းသမား	koun din dhama:
carregar (vt)	ကုန်တင်သည်	koun din de
carregamento (m)	ကုန်တင်ခြင်း	koun din gjin
descarregar (vt)	ကုန်ချသည်	koun gja de
descarga (f)	ကုန်ချခြင်း	koun gja gjin:
transporte (m)	သယ်ယူပို့ဆောင်ရေး	the ju bou. zaun jei:
companhia (f) de transporte	သယ်ယူပို့ဆောင်ရေးကုမ္ပဏီ	the ju bou. zaun jei: koun pa. ni
transportar (vt)	ပို့ဆောင်သည်	pou. zaun de
vagão (m) de carga	တွဲ	twe:
cisterna (f)	တိုင်ကီ	tain ki
camião (m)	ကုန်တင်ကား	koun din ka:
máquina-ferramenta (f)	ဖြတ်စက်	hpja' se'
mecanismo (m)	စက်ကိရိယာ	se' kari. ja
resíduos (m pl) industriais	စက်ရုံစွန့်ပစ်ပစ္စည်း	se' joun zun bi' pji' si:
embalagem (f)	ထုတ်ပိုးမှု	htou' pou: hmu.
embalar (vt)	ထုတ်ပိုးသည်	htou' pou: de

73. Contrato. Acordo

Português	Birmanês	Transliteração
contrato (m)	ကန်ထရိုက်	kan ta jou'
acordo (m)	သဘောတူညီမှု	dhabo: tu nji hmu.
adenda (f), anexo (m)	ပူးတွဲ	pu: twe:
assinar o contrato	သဘောတူစာချုပ်ချုပ်သည်	dhabo: tu za gjou' gjou' te
assinatura (f)	လက်မှတ်	le' hma'
assinar (vt)	လက်မှတ်ထိုးသည်	le' hma' htou: de
carimbo (m)	တံဆိပ်	da zei'
objeto (m) do contrato	သဘောတူညီမှု-အကြောင်းအရာ	dhabo: tu nji hmu. akjaun: aja
cláusula (f)	အပိုဒ်ငယ်	apai' nge

| partes (f pl) | စာချုပ်ပါအဖွဲ့များ | sa gjou' pa ahpwe. mja: |
| morada (f) jurídica | တရားဝင်နေရပ်လိပ်စာ | taja: win nei ja' lei' sa |

violar o contrato	သဘောတူညီမှု ချိုးဖောက်သည်	dhabo: tu nji hmu. gjou: bau' te
obrigação (f)	အထူးသဖြင့်	a htu: dha. hjin.
responsabilidade (f)	တာဝန်ဝတ္တရား	ta wun wu' taja:
força (f) maior	မလွန်ဆန်နိုင်သောအဖြစ်	ma. lun zan nain de. ahpji'
litígio (m), disputa (f)	အငြင်းအခုံ	anjin: akhoun
multas (f pl)	ပြစ်ဒက်များ	pji' dan mja:

74. Importação & Exportação

importação (f)	သွင်းကုန်	thwin: goun
importador (m)	သွင်းကုန်လုပ်ငန်းရှင်	thwin: goun lou' ngan: shin
importar (vt)	တင်သွင်းသည်	tin dhwin: de
de importação	သွင်းကုန်နှင့်ဆိုင်သော	thwin: goun hnin. zain de.

exportação (f)	ပို့ကုန်	pou. goun
exportador (m)	ပို့ကုန်လုပ်ငန်းရှင်	pou. goun lou' ngan: shin
exportar (vt)	ကုန်တင်ပို့သည်	koun tin pou. de
de exportação	တင်ပို့သော	tin bou. de.

| mercadoria (f) | ကုန်ပစ္စည်း | koun pji' si: |
| lote (de mercadorias) | ပို့ကုန် | pou. goun |

peso (m)	အလေးချိန်	alei: gjein
volume (m)	ပမာဏ	pa. ma na.
metro (m) cúbico	ကုဗမီတာ	ku. ba mi ta

produtor (m)	ထုတ်လုပ်သူ	tou' lou' thu
companhia (f) de transporte	သယ်ယူပို့ဆောင်ရေးကုမ္ပဏီ	the ju bou. zaun jei: koun pa. ni
contentor (m)	ကုန်တိန်နာ	kun tein na

fronteira (f)	နယ်နိမိတ်	ne ni. mei'
alfândega (f)	အကောက်ခွန်	akau' khun
taxa (f) alfandegária	အကောက်ခွန်နှုန်း	akau' khun hnoun:
funcionário (m) da alfândega	အကောက်ခွန်အရာရှိ	akau' khun aja shi.
contrabando (atividade)	မှောင်ခို	hmaun gou
contrabando (produtos)	မှောင်ခိုပစ္စည်း	hmaun gou pji' si:

75. Finanças

ação (f)	စတော့ရှယ်ယာ	sato. shera
obrigação (f)	ငွေချေးစာချုပ်	ngwei gjei: za gju'
nota (f) promissória	ငွေပေးချေရန်ကတိစာချုပ်	ngwei bei: gjei jan ga. di. za gju'

bolsa (f)	စတော့ရှယ်ယာခိုင်	sato. shera dain
cotação (m) das ações	စတော့ဈေးနှုန်း	sato. zei: hnoun:
tornar-se mais barato	ဈေးနှုန်းကျဆင်းသည်	zei: hnan: gja. zin: de

Português	Birmanês	Transliteração
tornar-se mais caro	ဈေးနှုန်းတက်သည်	zei: hnan: de' de
parte (f)	ရယ်ယာ	she ja
participação (f) maioritária	ရယ်ယာအများစုကို ပိုင်ဆိုင်ခြင်း	she ja amja: zu. gou bain zain gjin:
investimento (m)	ရင်းနှီးမြှုပ်နှံမှု	jin: hni: hmjou' hnan hmu.
investir (vt)	ရင်းနှီးမြှုပ်နှံသည်	jin: hni: hmjou' hnan de
percentagem (f)	ရာခိုင်နှုန်း	ja gain hnan:
juros (m pl)	အတိုး	atou:
lucro (m)	အမြတ်	amja'
lucrativo	အမြတ်ရသော	amja' ja de.
imposto (m)	အခွန်	akhun
divisa (f)	ငွေကြေး	ngwei kjei:
nacional	အမျိုးသားနှင့်ဆိုင်သော	amjou: dha: hnin. zain de.
câmbio (m)	လဲလှယ်ခြင်း	le: hle gjin:
contabilista (m)	စာရင်းကိုင်	sajin: gain
contabilidade (f)	စာရင်းကိုင်လုပ်ငန်း	sajin: gain lou' ngan:
bancarrota (f)	ဒေဝါလီခံရခြင်း	dei wa li gan ja gjin
falência (f)	ရှုတ်တည့်ဖိဘွားရေး ထိုးကျခြင်း	jou' ta ja' si: bwa: jei: dou: gja. gjin:
ruína (f)	ကြီးစွာသောအပျက်အစီး	kji: zwa dho apje' asi:
arruinar-se (vr)	ပျက်စီးဆုံးရှုံးသည်	pje' si: zoun: shoun: de
inflação (f)	ငွေကြေးဖောင်းပွခြင်း	ngwei kjei: baun: bwa. gjin:
desvalorização (f)	ငွေကြေးတန်ဖိုးချခြင်း	ngwei kjei: dan bou: gja gjin:
capital (m)	အရင်းအနှီးငွေ	ajin: ani: ngwei
rendimento (m)	ဝင်ငွေ	win ngwei
volume (m) de negócios	အနတ်အသိမ်း	anou' athin:
recursos (m pl)	အရင်းအမြစ်များ	ajin: amja' mja:
recursos (m pl) financeiros	ငွေကြေးအရင်းအမြစ်များ	ngwei kjei: ajin: amji' mja:
despesas (f pl) gerais	အထွေထွေအသုံးစရိတ်	a htwei htwei athoun: za. jei'
reduzir (vt)	လျှော့ချသည်	sho. cha. de

76. Marketing

Português	Birmanês	Transliteração
marketing (m)	ဈေးကွက်ရှာဖွေရေး	zei: gwe' sha bwei jei:
mercado (m)	ဈေးကွက်	zei: gwe'
segmento (m) do mercado	ဈေးကွက်အစိတ်အပိုင်း	zei: gwe' asei' apain:
produto (m)	ထုတ်ကုန်	htou' koun
mercadoria (f)	ကုန်ပစ္စည်း	koun pji' si:
marca (f)	အမှတ်တံဆိပ်	ahma' tan zin
marca (f) comercial	ကုန်အမှတ်တံဆိပ်	koun ahma' tan hsi'
logotipo (m)	မူပိုင်အမှတ်တံဆိပ်	mu bain ahma' dan zei'
logo (m)	တံဆိပ်	da zei'
demanda (f)	တောင်းဆိုချက်	taun: hsou che'
oferta (f)	ထောက်ပံ့ခြင်း	htau' pan. gjin:
necessidade (f)	လိုအပ်မှု	lou a' hmu.

Português	Birmanês	Transliteração
consumidor (m)	သုံးစွဲသူ	thoun: zwe: dhu
análise (f)	ခွဲခြမ်းစိတ်ဖြာခြင်း	khwe: gjan: zei' hpa gjin:
analisar (vt)	ခွဲခြမ်းစိတ်ဖြာသည်	khwe: gjan: zei' hpa de
posicionamento (m)	နေရာရှာခြင်း	nei ja hja gjin:
posicionar (vt)	နေရာရှာသည်	nei ja sha de
preço (m)	ဈေးနှုန်း	zei: hnan:
política (f) de preços	ဈေးနှုန်းမူဝါဒ	zei: hnan: m wada.
formação (f) de preços	ဈေးနှုန်းဖြစ်တည်မှုခြင်း	zei: hnan: bji' te gjin:

77. Publicidade

Português	Birmanês	Transliteração
publicidade (f)	ကြော်ငြာ	kjo nja
publicitar (vt)	ကြော်ငြာသည်	kjo nja de
orçamento (m)	ဘတ်ဂျက်	ba' gje'
anúncio (m) publicitário	သန်မှန်းခြေငွေ၊ သုံးငွေစာရင်း	khan hman: gjei ja. dhu: ngwei za jin:
publicidade (f) televisiva	တီဗီကြော်ငြာ	ti bi gjo nja
publicidade (f) na rádio	ရေဒီယိုကြော်ငြာ	rei di jou gjo nja
publicidade (f) exterior	ပြင်ပကြော်ငြာ	pjin ba. gjo nja
comunicação (f) de massa	လူထုဆက်သွယ်ရေး	lu du. ze' thwe jei:
periódico (m)	ပုံမှန်ထုတ်မဂ္ဂဇင်း	poun hmein dou' ma' ga. zin:
imagem (f)	ပုံရိပ်	poun jei'
slogan (m)	ကြွေးကြော်သံ	kjwei: kjo dhan
mote (m), divisa (f)	ဆောင်ပုဒ်	hsaun bou'
campanha (f)	အစီအစဉ်	asi asin
companha (f) publicitária	ကြော်ငြာအစီအစဉ်	kjo nja a si asin
grupo (m) alvo	ပစ်မှတ်အုပ်စု	pi' hma' ou'zu.
cartão (m) de visita	လုပ်ငန်းသုံးလိပ်စာကဒ်ပြား	lou' ngan: loun: lei' sa ka' pja:
flyer (m)	လက်ကမ်းစာစောင်	le' kan: za zaun:
brochura (f)	ကြော်ငြာစာအုပ်ငယ်	kjo nja za ou' nge
folheto (m)	လက်ကမ်းစာစောင်	le' kan: za zaun:
boletim (~ informativo)	သတင်းလွှာ	dhadin: hlwa
letreiro (m)	ဆိုင်းဘုတ်	hsain: bou'
cartaz, póster (m)	ပိုစတာ	pou sata
painel (m) publicitário	ကြော်ငြာဆိုင်းဘုတ်	kjo nja zain: bou'

78. Banca

Português	Birmanês	Transliteração
banco (m)	ဘက်	ban
sucursal, balcão (f)	ဘက်ခွဲ	ban gwe:
consultor (m)	အတိုင်ပင်ခံပုဂ္ဂိုလ်	atain bin gan bou' gou
gerente (m)	မန်နေဂျာ	man nei gji
conta (f)	ဘက်ငွေစာရင်း	ban ngwei za jin
número (m) da conta	ဘက်စာရင်းနံပါတ်	ban zajin: nan. ba'

conta (f) corrente	ဘက်စာရင်းရှင်	ban zajin: shin
conta (f) poupança	ဘက်ငွေစုစာရင်း	ban ngwei zu. za jin
abrir uma conta	ဘက်စာရင်းဖွင့်သည်	ban zajin: hpwin. de
fechar uma conta	ဘက်စာရင်းပိတ်သည်	ban zajin: bi' te
depositar na conta	ငွေသွင်းသည်	ngwei dhwin: de
levantar (vt)	ငွေထုတ်သည်	ngwei dou' te
depósito (m)	အပ်ငွေ	a' ngwei
fazer um depósito	ငွေအပ်သည်	ngwei a' te
transferência (f) bancária	ကြေးနန်းဖြင့်ငွေလွဲခြင်း	kjei: nan: bjin. ngwe hlwe: gjin
transferir (vt)	ကြေးနန်းဖြင့်ငွေလွဲသည်	kjei: nan: bjin. ngwe hlwe: de
soma (f)	ပေါင်းလဒ်	paun: la'
Quanto?	ဘယ်လောက်လဲ	be lau' le:
assinatura (f)	လက်မှတ်	le' hma'
assinar (vt)	လက်မှတ်ထိုးသည်	le' hma' htou: de
cartão (m) de crédito	အကြွေးဝယ်ကဒ်-ခရက်ဒစ်ကဒ်	achwei: we ka' - ka' je' da' ka'
código (m)	ကုဒ်နံပါတ်	kou' nan ba'
número (m) do cartão de crédito	ခရက်ဒစ်ကဒ်နံပါတ်	kha. je' di' ka' nan ba'
Caixa Multibanco (m)	အလိုအလျောက်ငွေထုတ်စက်	alou aljau' ngwei htou' se'
cheque (m)	ချက်လက်မှတ်	che' le' hma'
passar um cheque	ချက်ရေးသည်	che' jei: de
livro (m) de cheques	ချက်စာအုပ်	che' sa ou'
empréstimo (m)	ချေးငွေ	chei: ngwei
pedir um empréstimo	ချေးငွေလျှောက်လွှာတင်သည်	chei: ngwei shau' hlwa din de
obter um empréstimo	ချေးငွေရယူသည်	chei: ngwei ja. ju de
conceder um empréstimo	ချေးငွေထုတ်ပေးသည်	chei: ngwei htou' pei: de
garantia (f)	အာမခံပစ္စည်း	a ma. gan bji' si:

79. Telefone. Conversação telefónica

telefone (m)	တယ်လီဖုန်း	te li hpoun:
telemóvel (m)	မိုဘိုင်းဖုန်း	mou bain: hpoun:
secretária (f) electrónica	ဖုန်းထူးစက်	hpoun: du: ze'
fazer uma chamada	ဖုန်းဆက်သည်	hpoun: ze' te
chamada (f)	အဝင်ဖုန်း	awin hpun:
marcar um número	နံပါတ် နှိပ်သည်	nan ba' hnei' te
Alô!	ဟာလို	ha. lou
perguntar (vt)	မေးသည်	mei: de
responder (vt)	ဖြေသည်	hpjei de
ouvir (vt)	ကြားသည်	ka: de
bem	ကောင်းကောင်း	kaun: gaun:
mal	အရမ်းမကောင်း	ajan: ma. gaun:
ruído (m)	ဖြတ်ဝင်သည့်ဆူညံသံ	hpja' win dhi. zu njan dhan

auscultador (m)	တယ်လီဖုန်းနားကြပ်ပိုင်း	te li hpoun: na: gja' pain:
pegar o telefone	ဖုန်းကောက်ကိုင်သည်	hpoun: gau' gain de
desligar (vi)	ဖုန်းချသည်	hpoun: gja de
ocupado	လိုင်းမအားသော	lain: ma. a: de.
tocar (vi)	မြည်သည်	mji de
lista (f) telefónica	တယ်လီဖုန်းလမ်းညွှန်စာအုပ်	te li hpoun: lan: hnjun za ou'
local	ပြည်တွင်းဒေသတွင်းဖြစ်သော	pji dwin: dei. dha dwin: bji' te.
chamada (f) local	ပြည်တွင်းခေါ်ဆိုမှု	pji dwin: go zou hmu.
de longa distância	အဝေးခေါ်ဆိုနိုင်သော	awei: go zou nain de.
chamada (f) de longa distância	အဝေးခေါ်ဆိုမှု	awei: go zou hmu.
internacional	အပြည်ပြည်ဆိုင်ရာဖြစ်သော	apji pji zain ja bja' de.
chamada (f) internacional	အပြည်ပြည်ဆိုင်ရာခေါ်ဆိုမှု	apji pji zain ja go: zou hmu

80. Telefone móvel

telemóvel (m)	မိုဘိုင်းဖုန်း	mou bain: hpoun:
ecrã (m)	ပြသခြင်း	pja. dha. gjin:
botão (m)	ခလုတ်	khalou'
cartão SIM (m)	ဆင်းကဒ်	hsin: ka'
bateria (f)	ဘတ်ထရီ	ba' hta ji
descarregar-se	ဖုန်းအားကုန်သည်	hpoun: a: goun: de
carregador (m)	အားသွင်းကြိုး	a: dhwin: gjou:
menu (m)	အစားအသောက်စာရင်း	asa: athau' sa jin:
definições (f pl)	ချိန်ညှိခြင်း	chein hnji. chin:
melodia (f)	တီးလုံး	ti: loun:
escolher (vt)	ရွေးချယ်သည်	jwei: che de
calculadora (f)	ဂဏန်းပေါင်းစက်	ganan: baun: za'
correio (m) de voz	အသံမေးလ်	athan mei:l
despertador (m)	နှိုးစက်	hnou: ze'
contatos (m pl)	ဖုန်းအဆက်အသွယ်များ	hpoun: ase' athwe mja:
mensagem (f) de texto	မက်ဆေ့ချ်	me' zei. gja
assinante (m)	အသုံးပြုသူ	athoun: bju. dhu

81. Estacionário

caneta (f)	ဘောပင်	bo pin
caneta (f) tinteiro	ဖောင်တိန်	hpaun din
lápis (m)	ခဲတံ	khe: dan
marcador (m)	အရောင်တောက်မင်တံ	ajaun dau' min dan
caneta (f) de feltro	ရေးဆေးဒယ်တံ	jei zei: zou' tan
bloco (m) de notas	မှတ်စုစာအုပ်	hma' su. za ou'
agenda (f)	နေ့စဉ်မှတ်တမ်းစာအုပ်	nei. zin hma' tan: za ou'
régua (f)	ပေတံ	pei dan

T&P Books. Vocabulário Português-Birmanês - 5000 palavras

calculadora (f)	ဂဏန်းပေါင်းစက်	ganan: baun: za'
borracha (f)	ခဲဖျက်	khe: bje'
pionés (m)	ထိပ်ပြားကြီးသံမှို	htei' pja: gji: dhan hmou
clipe (m)	တွယ်ချိတ်	twe gjei'
cola (f)	ကော်	ko
agrafador (m)	စတက်ပလာ	sate' pa. la
furador (m)	အပေါက်ဖောက်စက်	apau' hpau' se'
afia-lápis (m)	ခဲချွန်စက်	khe: chun ze'

82. Tipos de negócios

serviços (m pl) de contabilidade	စာရင်းကိုင်ဝန်ဆောင်မှု	sajin: gain wun zaun hmu.
publicidade (f)	ကြော်ငြာ	kjo nja
agência (f) de publicidade	ကြော်ငြာလုပ်ငန်း	kjo nja lou' ngan:
ar (m) condicionado	လေအေးစက်	lei ei: ze'
companhia (f) aérea	လေကြောင်း	lei gjaun:
bebidas (f pl) alcoólicas	အရက်သေစာ	aje' dhei za
comércio (m) de antiguidades	ရှေးဟောင်းပစ္စည်း	shei: haun: bji' si:
galeria (f) de arte	အနုပညာပြခန်း	anu. pjin ja pja. gan:
serviços (m pl) de auditoria	စာရင်းစစ်ဆေးခြင်း	sajin: zi' hsei: gjin:
negócios (m pl) bancários	ဘဏ်လုပ်ငန်း	ban lou' ngan:
bar (m)	ဘား	ba:
salão (m) de beleza	အလှပြင်ဆိုင်	ahla. bjin zain:
livraria (f)	စာအုပ်ဆိုင်	sa ou' hsain
cervejaria (f)	ဘီယာချက်စက်ရုံ	bi ja gje' se' joun
centro (m) de escritórios	စီးပွါးရေးလုပ်ငန်းဝင်တာ	si: bwa: jei: lou' ngan: zin da
escola (f) de negócios	စီးပွါးရေးကျောင်း	si: bwa: jei: gjaun:
casino (m)	လောင်းကစားရုံ	laun: gaza: joun
construção (f)	ဆောက်လုပ်ရေးလုပ်ငန်း	hsau' lou' jei: lou' ngan:
serviços (m pl) de consultoria	လူနာစမ်းသပ်ခန်း	lu na zan: dha' khan:
estomatologia (f)	သွားဆေးခန်း	thwa: hsei: gan:
design (m)	ဒီဇိုင်း	di zain:
farmácia (f)	ဆေးဆိုင်	hsei: zain
lavandaria (f)	အဝတ်အခြောက်လျှော်လုပ်ငန်း	awu' achou' hlo: lou' ngan:
agência (f) de emprego	အလုပ်အကိုင်ရှာဖွေရေးလုပ်ငန်း	alou' akain sha hpwei jei: lou' ngan:
serviços (m pl) financeiros	ငွေကြေးဝန်ဆောင်မှုလုပ်ငန်း	ngwei kjei: wun zaun hmu lou' ngan:
alimentos (m pl)	စားသုံးကုန်များ	sa: dhoun: goun mja:
agência (f) funerária	အသုဘဝန်ဆောင်မှုလုပ်ငန်း	athu. ba. wun zaun hmu. lou' ngan:
mobiliário (m)	ပရိဘောဂ	pa ri. bo: ga.
roupa (f)	အဝတ်အစား	awu' aza:
hotel (m)	ဟိုတယ်	hou te
gelado (m)	ရေခဲမုန့်	jei ge: moun.
indústria (f)	စက်မှုလုပ်ငန်း	se' hmu. lou' ngan:

75

seguro (m)	အာမခံလုပ်ငန်း	a ma. khan lou' ngan:
internet (f)	အင်တာနက်	in ta na'
investimento (m)	ရင်းနှီးမြှုပ်နှံမှု	jin: hni: hmjou' hnan hmu.
joalheiro (m)	လက်ဝတ်ရတနာကုန်သည်	le' wa' ja. da. na goun de
joias (f pl)	လက်ဝတ်ရတနာ	le' wa' ja. da. na
lavandaria (f)	ဒိုဘီလုပ်ငန်း	dou bi lou' ngan:
serviços (m pl) jurídicos	ဥပဒေအကြံပေး	u. ba. dei akjan bei:
indústria (f) ligeira	အသေးစားစက်မှုလုပ်ငန်း	athei: za: za' hmu. lou' ngan:
revista (f)	မဂ္ဂဇင်းစာစောင်	ma' ga. zin: za zaun
vendas (f pl) por catálogo	အော်ဒါကိုစာတိုက်မှ ပို့ဆောင်ခြင်း	o da ko sa dai' hma. bou. hsaun gjin:
medicina (f)	ဆေးပညာ	hsei: pjin nja
cinema (m)	ရုပ်ရှင်ရုံ	jou' shin joun
museu (m)	ပြတိုက်	pja. dai'
agência (f) de notícias	သတင်းဌာန	dhadin: hta. na.
jornal (m)	သတင်းစာ	dhadin: za
clube (m) noturno	နိုက်ကလပ်	nai' ka. la'
petróleo (m)	ရေနံ	jei nan
serviço (m) de encomendas	ပစ္စည်းပို့ဆောင်ရေးလုပ်ငန်း	pji' si: bou. zain jei: lou' ngan:
indústria (f) farmacêutica	လူသုံးဆေးဝါးလုပ်ငန်း	lu dhoun: zei: wa: lou' ngan:
poligrafia (f)	ပုံနှိပ်ခြင်း	poun nei' chin:
editora (f)	ပုံနှိပ်ထုတ်ဝေ သည့်ကုမ္ပဏီ	poun nei' htou' wei dhi. koun pani
rádio (m)	ရေဒီယို	rei di jou
imobiliário (m)	အိမ်ခြံမြေပြုလုပ်ငန်း	ein gjan mjei lu' ngan:
restaurante (m)	စားသောက်ဆိုင်	sa: thau' hsain
empresa (f) de segurança	လုံခြုံရေးအကျိုး ဆောင်ကုမ္ပဏီ	loun gjoun jei: akjou: zaun koun pa. ni
desporto (m)	အားကစား	a: gaza:
bolsa (f)	စတော့ရှယ်ယာရောင်းဝယ်ရေးဌာန	sato. jaun: we jei: hta. na.
loja (f)	ဆိုင်	hsain
supermercado (m)	ကုန်တိုက်ကြီး	koun dou' kji:
piscina (f)	ရေကူးကန်	jei ku: gan
alfaiataria (f)	အဝတ်ချုပ်လုပ်ငန်း	a' chou' lu' ngan:
televisão (f)	ရုပ်မြင်သံကြား	jou' mjin dhan gja:
teatro (m)	ကဇာတ်ရုံ	ka. za' joun
comércio (atividade)	ကုန်သွယ်ရေး	koun dhwe jei:
serviços (m pl) de transporte	သယ်ယူပို့ဆောင်ရေး လုပ်ငန်း	the ju bou. zaun jei: lou' ngan:
viagens (f pl)	ခရီးသွားလုပ်ငန်း	khaji: thwa: lou' ngan:
veterinário (m)	တိရစ္ဆာန်ကုဆရာဝန်	tharei' hsan gu. zaja wun
armazém (m)	ကုန်လှောင်ရုံ	koun hlaun joun
recolha (f) do lixo	အမှိုက်ပစ္စည်းစုဆောင်းခြင်း	sun. bi' pji' si: zu zaun: ghin:

Emprego. Negócios. Parte 2

83. Espetáculo. Feira

feira (f)	ပြပွဲ	pja. bwe:
feira (f) comercial	ကုန်စည်ပြပွဲ	koun zi pja pwe
participação (f)	ပါဝင်ဆင်နွှဲမှု	pa win zhin hnwe: hmu.
participar (vi)	ပါဝင်ဆင်နွှဲသည်	pa win zin hnwe: de
participante (m)	ပါဝင်ဆင်နွှဲသူ	pa win zhin hnwe: dhu
diretor (m)	ဒါရိုက်တာ	da je' ta
direção (f)	ဦးစီးဦးဆောင်သူအဖွဲ့	u: zi: u: zaun dhu ahpwe:
organizador (m)	စီစဉ်သူ	si zin dhu
organizar (vt)	စီစဉ်သည်	si zin de
ficha (f) de inscrição	ပါဝင်ရန်ဖြည့်စွက်ရ သောပုံစံ	pa win jan bje zwe' ja. dho: boun zan
preencher (vt)	ဖြည့်သည်	hpjei. de
detalhes (m pl)	အသေးစိတ်အချက်အလက်များ	athei zi' ache' ala' mja:
informação (f)	သတင်းအချက်အလက်	dhadin: akje' ale'
preço (m)	ဈေးနှုန်း	zei: hnan:
incluindo	အပါအဝင်	apa awin
incluir (vt)	ပါဝင်သည်	pa win de
pagar (vt)	ပေးချေသည်	pei: gjei de
taxa (f) de inscrição	မှတ်ပုံတင်ခ	hma' poun din ga.
entrada (f)	ဝင်ပေါက်	win bau'
pavilhão (m)	ပြခန်းယာယီအဆောက်အအုံ	pja. gan: ja ji ahsau' aoun
inscrever (vt)	စာရင်းသွင်းသည်	sajin: dhwin: de
crachá (m)	တံဆိပ်	da zei'
stand (m)	ပြပွဲဝင်	pja. bwe: zin
reservar (vt)	ကြိုတင်မှာသည်	kjou tin hma de
vitrina (f)	ပစ္စည်းပြရန်မှန်ဘောင်	pji' si: bja. jan hman baun
foco, spot (m)	မီးမောင်း	mi: maun:
design (m)	ဒီဇိုင်း	di zain:
pôr, colocar (vt)	နေရာချသည်	nei ja gja de
ser colocado, -a	တည်ရှိသည်	ti shi. de
distribuidor (m)	ဖြန့်ဝေသူ	hpjan. wei dhu
fornecedor (m)	ပေးသွင်းသူ	pei: dhwin: dhu
fornecer (vt)	ပေးသွင်းသည်	pei: dhwin: de
país (m)	နိုင်ငံ	nain ngan
estrangeiro	နိုင်ငံခြားနှင့်ဆိုင်သော	nain ngan gja: hnin. zain de.
produto (m)	ထုတ်ကုန်	htou' koun
associação (f)	အဖွဲ့အစည်း	ahpwe. asi:

Português	Birmanês	Pronúncia
sala (f) de conferências	ဆွေးနွေးပွဲခန်းမ	hswe: nwe: bwe: gan: ma.
congresso (m)	ညီလာခံ	nji la gan
concurso (m)	ပြိုင်ပွဲ	pjain bwe:
visitante (m)	ဧည့်သည်	e. dhe
visitar (vt)	လာရောက်လေ့လာသည်	la jau' lei. la de
cliente (m)	ဖောက်သည်	hpau' te

84. Ciência. Investigação. Cientistas

Português	Birmanês	Pronúncia
ciência (f)	သိပ္ပံပညာ	thei' pan pin nja
científico	သိပ္ပံပညာဆိုင်ရာ	thei' pan pin nja zein ja
cientista (m)	သိပ္ပံပညာရှင်	thei' pan pin nja shin
teoria (f)	သီအိုရီ	thi ou ji
axioma (m)	နဂိုမှန်အဆို	na. gou hman ahsou
análise (f)	ရှဲခြင်းစိတ်ဖြာခြင်း	khwe: gjan: zei' hpa gjin:
analisar (vt)	ရှဲခြင်းစိတ်ဖြာသည်	khwe: gjan: zei' hpa de
argumento (m)	အကြောင်းပြချက်	akjaun: pja. gje'
substância (f)	အထည်	a hte
hipótese (f)	အခြေခံသဘောတရားအယူအဆ	achei khan dha. bo da. ja: aju ahsa.
dilema (m)	အကျပ်ရိုက်ခြင်း	akja' shi' chin:
tese (f)	သုတေသနစာတမ်း	thu. tei thana za dan:
dogma (m)	တရားသောလက်ခံထားသောဝါဒ	taja: dhei le' khan da: dho: wa da
doutrina (f)	သြဝါဒ	thja. wa da.
pesquisa (f)	သုတေသန	thu. tei thana
pesquisar (vt)	သုတေသနပြုသည်	thu. tei thana bjou de
teste (m)	စမ်းသပ်ခြင်း	san: dha' chin:
laboratório (m)	လက်တွေ့ခန်း	le' twei. gan:
método (m)	နည်းလမ်း	ne: lan:
molécula (f)	မော်လီကျူး	mo li gju:
monitoramento (m)	စောင့်ကြည့်စစ်ဆေးခြင်း	saun. gji. zi' hsei: gjin:
descoberta (f)	ရှာဖွေတွေ့ရှိမှု	sha hpwei dwei. shi. hmu.
postulado (m)	လက်ခံထားသည့်အဆို	le' khan da: dhe. ahsou
princípio (m)	အခြေခံသဘောတရား	achei khan dha. bo da. ja:
prognóstico (previsão)	ကြိုတင်ခန့်မှန်းချက်	kjou din khan hman: gje'
prognosticar (vt)	ကြိုတင်ခန့်မှန်းသည်	kjou din khan hman: de
síntese (f)	သမ္မရ	than ba ra.
tendência (f)	ဦးတည်ရာ	u: ti ja
teorema (m)	သီအိုရမ်	thi ou jan
ensinamentos (m pl)	သင်ကြားချက်	thin kja: gje'
facto (m)	အရက်အလက်	ache' ale'
expedição (f)	စူးစမ်းလေ့လာရေးခရီး	su: zan: lei. la nei: khaji:
experiência (f)	စမ်းသပ်လုပ်ဆောင်ချက်	san: dha' lou' hsaun gje'
académico (m)	အကယ်ဒမီသိပ္ပံပညာရှင်	ake da ni dhan pa' pjin shin
bacharel (m)	တက္ကသိုလ် ပထမဘွဲ့	te' kathou pahtama. bwe.

doutor (m)	ပါရဂူဘွဲ့	pa ja gu bwe.
docente (m)	လက်ထောက်ပါမောက္ခ	le' htau' pa mau' kha.
mestre (m)	မဟာဘွဲ့	maha bwe.
professor (m) catedrático	ပါမောက္ခ	pamau' kha

Profissões e ocupações

85. Procura de emprego. Demissão

trabalho (m)	အလုပ်	alou'
equipa (f)	ဝန်ထမ်းအင်အား	wun dan: in a:
pessoal (m)	အမှုထမ်း	ahmu. htan:
carreira (f)	သက်မွေးမှုလုပ်ငန်း	the' hmei: hmu. lou' ngan:
perspetivas (f pl)	တက်လမ်း	te' lan:
mestria (f)	ကျွမ်းကျင်မှု	kjwan: gjin hmu.
seleção (f)	လက်ရွေးစင်	le' jwei: zin
agência (f) de emprego	အလုပ်အကိုင်ရှာဖွေရေး-အကျိုးဆောင်လိုပ်ငန်း	alou' akain sha hpei jei: akjou: zaun lou' ngan:
CV, currículo (m)	ပညာရည်မှတ်တမ်းအကျဉ်း	pjin nja je hma' tan: akjin:
entrevista (f) de emprego	အလုပ်အင်တာဗျူး	alou' in da bju:
vaga (f)	အလုပ်လစ်လပ်နေရာ	alou' li' la' nei ja
salário (m)	လစာ	la. za
salário (m) fixo	ပုံသေလစာ	poun dhei la. za
pagamento (m)	ပေးချေသည့်ငွေ	pei: gjei de. ngwei
posto (m)	ရာထူး	ja du:
dever (do empregado)	တာဝန်	ta wun
gama (f) de deveres	တာဝန်များ	ta wun mja:
ocupado	အလုပ်များသော	alou' mja: de.
despedir, demitir (vt)	အလုပ်ထုတ်သည်	alou' htou' de
demissão (f)	ထုတ်ပယ်ခြင်း	htou' pe gjin:
desemprego (m)	အလုပ်လက်မဲ့ဦးရေ	alou' le' me. u: jei
desempregado (m)	အလုပ်လက်မဲ့	alou' le' me.
reforma (f)	အငြိမ်းစားလစာ	anjein: za: la. za
reformar-se	အငြိမ်းစားယူသည်	anjein: za: ju dhe

86. Gente de negócios

diretor (m)	ညွှန်ကြားရေးမှူး	hnjun gja: jei: hmu:
gerente (m)	မန်နေဂျာ	man nei gji
patrão, chefe (m)	အကြီးအကဲ	akji: ake:
superior (m)	အထက်လူကြီး	a hte' lu gji:
superiores (m pl)	အထက်လူကြီးများ	a hte' lu gji: mja:
presidente (m)	ဥက္ကဋ္ဌ	ou' kahta.
presidente (m) de direção	ဥက္ကဋ္ဌ	ou' kahta.
substituto (m)	ဒုတိယ	du. di. ja.
assistente (m)	လက်ထောက်	le' htau'

secretário (m)	အတွင်းရေးမှူး	atwin: jei: hmu:
secretário (m) pessoal	ကိုယ်ရေးအရာရှိ	kou jei: aja shi.
homem (m) de negócios	စီးပွားရေးလုပ်ငန်းရှင်	si: bwa: jei: lou' ngan: shin
empresário (m)	စီးပွားရေးလုပ်ငန်းရှင်	si: bwa: jei: lou' ngan: shin
fundador (m)	တည်ထောင်သူ	ti daun dhu
fundar (vt)	တည်ထောင်သည်	ti daun de
fundador, sócio (m)	ဖွဲ့စည်းသူ	hpwe. zi: dhu
parceiro, sócio (m)	အကျိုးတူလုပ်ဖော်ကိုင်ဘက်	akjou: du lou' hpo kain be'
acionista (m)	အစုရှင်	asu. shin
milionário (m)	သန်းကြွယ်သူဌေး	than: gjwe dhu dei:
bilionário (m)	ဘီလျံနာသူဌေး	bi ljan na dhu dei:
proprietário (m)	ပိုင်ရှင်	pain shin
proprietário (m) de terras	မြေပိုင်ရှင်	mjei bain shin
cliente (m)	ဖောက်သည်	hpau' te
cliente (m) habitual	အမြဲတမ်းဖောက်သည်	amje: dan: zau' te
comprador (m)	ဝယ်သူ	we dhu
visitante (m)	ညှိသည်	e. dhe
profissional (m)	ကျွမ်းကျင်သူ	kjwan: gjin dhu
perito (m)	ကျွမ်းကျင်ပညာရှင်	kjwan: gjin bi nja shin
especialista (m)	အထူးကျွမ်းကျင်သူ	a htu: kjwan: gjin dhu
banqueiro (m)	ဘဏ်လုပ်ငန်းရှင်	ban lou' ngan: shin
corretor (m)	စီးပွားရေးအကျိုးဆောင်	si: bwa: jei: akjou: zaun
caixa (m, f)	ငွေကိုင်	ngwei gain
contabilista (m)	စာရင်းကိုင်	sajin: gain
guarda (m)	အစောင့်	asaun.
investidor (m)	ရင်းနှီးမြှုပ်နှံသူ	jin: hni: hmjou' hnan dhu
devedor (m)	မြီစား	mji za:
credor (m)	ကြွေးရှင်	kjwei: shin
mutuário (m)	ရှေးသူ	chei: dhu
importador (m)	သွင်းကုန်လုပ်ငန်းရှင်	thwin: goun lou' ngan: shin
exportador (m)	ပို့ကုန်လုပ်ငန်းရှင်	pou. goun lou' ngan: shin
produtor (m)	ထုတ်လုပ်သူ	tou' lou' thu
distribuidor (m)	ဖြန့်ဝေသူ	hpjan. wei dhu
intermediário (m)	တစ်ဆင့်ခံရောင်းသူ	ti' hsin. gan jaun: dhu
consultor (m)	အတိုင်ပင်ခံပုဂ္ဂိုလ်	atain bin gan bou' gou
representante (m)	ကိုယ်စားလှယ်	kou za: hle
agente (m)	ကိုယ်စားလှယ်	kou za: hle
agente (m) de seguros	အာမခံကိုယ်စားလှယ်	a ma. khan gou za: hle

87. Profissões de serviços

cozinheiro (m)	စားဖိုမှူး	sa: hpou hmu:
cozinheiro chefe (m)	စားဖိုမှူးကြီး	sa: hpou hmu: gji:

padeiro (m)	ပေါင်မုန့်ဖုတ်သူ	paun moun. bou' dhu
barman (m)	အရက်ဘားဝန်ထမ်း	aje' ba: wun dan:
empregado (m) de mesa	စားပွဲထိုး	sa: bwe: dou:
empregada (f) de mesa	စားပွဲထိုးမိန်းကလေး	sa: bwe: dou: mein: ga. lei:

advogado (m)	ရှေ့နေ	shei. nei
jurista (m)	ရှေ့နေ	shei. nei
notário (m)	ရှေ့နေ	shei. nei

eletricista (m)	လျှပ်စစ်ပညာရှင်	hlja' si' pa. nja shin
canalizador (m)	ပိုက်ပြင်သူ	pai' bjin dhu
carpinteiro (m)	လက်သမား	le' tha ma:

massagista (m)	အနှိပ်သမား	anei' thama:
massagista (f)	အနှိပ်သမ	anei' thama.
médico (m)	ဆရာဝန်	hsa ja wun

taxista (m)	တက္ကစီမောင်းသူ	te' kasi maun: dhu
condutor (automobilista)	ယာဉ်မောင်း	jin maun:
entregador (m)	ပစ္စည်းပို့သူ	pji' si: bou. dhu

camareira (f)	ဟိုတယ်သန့်ရှင်းရေးဝန်ထမ်း	hou te than. shin wun dam:
guarda (m)	အစောင့်	asaun.
hospedeira (f) de bordo	လေယာဉ်မယ်	lei jan me

professor (m)	ဆရာ	hsa ja
bibliotecário (m)	စာကြည့်တိုက်ဝန်ထမ်း	sa gji. dai' wun dan:
tradutor (m)	ဘာသာပြန်	ba dha bjan
intérprete (m)	စကားပြန်	zaga: bjan
guia (pessoa)	လမ်းညွှန်	lan: hnjun

cabeleireiro (m)	ဆံသဆရာ	hsan dha. zaja
carteiro (m)	စာပို့သမား	sa bou. dhama:
vendedor (m)	ဆိုင်အရောင်းဝန်ထမ်း	hsain ajaun: wun dan:

jardineiro (m)	ဥယျာဉ်မှူး	u. jin hmu:
criado (m)	အိမ်စေအမှုထမ်း	ein zei ahmu. dan:
criada (f)	အိမ်စေအမျိုးသမီး	ein zei amjou: dhami:
empregada (f) de limpeza	သန့်ရှင်းရေးသမ	than. shin: jei: dhama.

88. Profissões militares e postos

soldado (m) raso	တပ်သား	ta' tha:
sargento (m)	တပ်ကြပ်ကြီး	ta' kja' kji:
tenente (m)	ဗိုလ်	bou
capitão (m)	ဗိုလ်ကြီး	bou gji

major (m)	ဗိုလ်မှူး	bou hmu:
coronel (m)	ဗိုလ်မှူးကြီး	bou hmu: gji:
general (m)	ဗိုလ်ချုပ်	bou gjou'
marechal (m)	ထိပ်တန်းအရာရှိ	htei' tan: aja shi.
almirante (m)	ရေတပ်ဗိုလ်ချုပ်ကြီး	jei da' bou chou' kji:
militar (m)	တပ်မတော်နှင့်ဆိုင်သော	ta' mado hnin. zain de.
soldado (m)	စစ်သား	si' tha:

oficial (m)	အရာရှိ	aja shi.
comandante (m)	ခေါင်းဆောင်	gaun: zaun
guarda (m) fronteiriço	နယ်ခြားစောင့်	ne gja: zaun.
operador (m) de rádio	ဆက်သွယ်ရေးတပ်သား	hse' thwe jei: da' tha:
explorador (m)	ကင်းထောက်	kin: dau'
sapador (m)	မိုင်းရှင်းသူ	main: shin: dhu
atirador (m)	လက်ဖြောင့်တပ်သား	le' hpaun. da' tha:
navegador (m)	လေကြောင်းပြ	lei gjaun: bja.

89. Oficiais. Padres

rei (m)	ဘုရင်	ba. jin
rainha (f)	ဘုရင်မ	ba jin ma.
príncipe (m)	အိမ်ရှေ့မင်းသား	ein shei. min: dha:
princesa (f)	မင်းသမီး	min: dhami:
czar (m)	ဇာဘုရင်	za bou jin
czarina (f)	ဇာဘုရင်မ	za bou jin ma
presidente (m)	သမ္မတ	thamada.
ministro (m)	ဝန်ကြီး	wun: gji:
primeiro-ministro (m)	ဝန်ကြီးချုပ်	wun: gji: gjou'
senador (m)	ဆီနိတ်လွှတ်တော်အမတ်	hsi nei' hlwa' do: ama'
diplomata (m)	သံတမန်	than taman.
cônsul (m)	ကောင်စစ်ဝန်	kaun si' wun
embaixador (m)	သံအမတ်	than ama'
conselheiro (m)	ကောင်စီဝင်	kaun si wun
funcionário (m)	အမှုထောင်အရာရှိ	ahmu. zaun aja shi.
prefeito (m)	သီးသန့်နယ်မြေ အုပ်ချုပ်ရေးမှူး	thi: dhan. ne mjei ou' chou' ei: hmu:
Presidente (m) da Câmara	မြို့တော်ဝန်	mjou. do wun
juiz (m)	တရားသူကြီး	taja: dhu gji:
procurador (m)	အစိုးရရှေ့နေ	asou: ja shei. nei
missionário (m)	သာသနာပြုသူ	tha dha. na bju. dhu
monge (m)	ဘုန်းကြီး	hpoun: gji:
abade (m)	ကျောင်းထိုင်ဆရာတော်	kjaun: dain zaja do
rabino (m)	ဂျူးဘာသာရေးခေါင်းဆောင်	gju: ba dha jei: gaun: zaun:
vizir (m)	မွတ်ဆလင်အမတ်	mu' hsa. lin ama'
xá (m)	ရှားဘုရင်	sha: bu. shin
xeque (m)	အာရပ်စော်ဘွား	a ra' so bwa:

90. Profissões agrícolas

apicultor (m)	ပျားမွေးသူ	pja: mwei: dhu
pastor (m)	သိုးနွားအုပ်ကျောင်းသူ	thou:/ nwa: ou' kjaun: dhu

agrónomo (m)		thi: hnan zai' pjou: jei: pin nja shin
criador (m) de gado		tharei' hsan mjou: hpau' thu
veterinário (m)		tharei' hsan zaja wun
agricultor (m)		le dhama:
vinicultor (m)		wain bau' thu
zoólogo (m)		tha' ta. bei da. pin nja shin
cowboy (m)		nwa: gjaun: dha:

91. Profissões artísticas

ator (m)		thajou' hsaun min: dha:
atriz (f)		thajou' hsaun min: dha:
cantor (m)		ahsou do
cantora (f)		ahsou do
bailarino (m)		aka. hsa. ja
bailarina (f)		aka. hsa. ja ma
artista (m)		thajou' hsaun dhu
artista (f)		thajou' hsaun dhu
músico (m)		gi ta. bjin nja shin
pianista (m)		san daja: zaja
guitarrista (m)		gi' ta bjin nja shin
maestro (m)		gi ta. hmu
compositor (m)		tei: jei: hsaja
empresário (m)		za' hsaja
realizador (m)		jou' shin da jai' ta
produtor (m)		htou' lou' thu
argumentista (m)		za' hnjun: za ja
crítico (m)		wei ban dhu
escritor (m)		sajei: zaja
poeta (m)		ka. bja zaja
escultor (m)		babu hsaja
pintor (m)		bagji zaja
malabarista (m)		le' hli. za. ja.
palhaço (m)		lu shwin do
acrobata (m)		kjwan: ba: bja dhu
mágico (m)		mje' hle. zaja

92. Várias profissões

médico (m)		hsa ja wun
enfermeira (f)		thu na bju.
psiquiatra (m)		sei' jo: ga ahtu: gu. zaja wun

Português	Birmanês	Pronúncia
estomatologista (m)	သွားဆရာဝန်	thwa: hsaja wun
cirurgião (m)	ခွဲစိတ်ကုဆရာဝန်	khwe: hsei' ku hsaja wun
astronauta (m)	အာကာသယာဉ်မှူး	akatha. jin hmu:
astrónomo (m)	နက္ခတ္တဗေဒပညာရှင်	ne' kha' ta. bei da. pji nja shin
piloto (m)	လေယာဉ်မှူး	lei jan hmu:
motorista (m)	ယာဉ်မောင်း	jin maun:
maquinista (m)	ရထားမောင်းသူ	jatha: maun: dhu
mecânico (m)	စက်ပြင်ဆရာ	se' pjin zaja
mineiro (m)	သတ္တုတွင်း အလုပ်သမား	tha' tu. dwin: alou' thama:
operário (m)	အလုပ်သမား	alou' dha ma:
serralheiro (m)	သော့ပြင်ဆရာ	tho. bjin zaja
marceneiro (m)	ကျွန်းပေါင်းငွေလက်သမား	kji: baun: gwei le' dha ma:
torneiro (m)	တွင်ခုံအလုပ်သမား	twin goun alou' dhama:
construtor (m)	ဆောက်လုပ်ရေးအလုပ်သမား	hsau' lou' jei: alou' dha. ma:
soldador (m)	ဂဟေဆော်သူ	gahei hso dhu
professor (m) catedrático	ပါမောက္ခ	pamau' kha
arquiteto (m)	ဗိသုကာပညာရှင်	bi. thu. ka pjin nja shin
historiador (m)	သမိုင်းပညာရှင်	thamain: pin nja shin
cientista (m)	သိပ္ပံပညာရှင်	thei' pan pin nja shin
físico (m)	ရူပဗေဒပညာရှင်	ju bei da. bin nja shin
químico (m)	ဓာတုဗေဒပညာရှင်	da tu. bei da. bjin nja shin
arqueólogo (m)	ရှေးဟောင်းသုတေသနပညာရှင်	shei: haun thu. dei dha. na. bji nja shin
geólogo (m)	ဘူမိဗေဒပညာရှင်	buu mi. bei da. bjin nja shin
pesquisador (cientista)	သုတေသနပညာရှင်	thu. tei thana pin nja shin
babysitter (f)	ကလေးထိန်း	kalei: din:
professor (m)	ဆရာ	hsa ja
redator (m)	အယ်ဒီတာ	e di ta
redator-chefe (m)	အယ်ဒီတာချုပ်	e di ta chu'
correspondente (m)	သတင်းထောက်	dhadin: dau'
datilógrafa (f)	လက်နှိပ်စက်ရိုက်သူ	le' ni' se' jou' thu
designer (m)	ဒီဇိုင်နာ	di zain na
especialista (m) em informática	ကွန်ပျူတာပညာရှင်	kun pju ta ba. nja shin
programador (m)	ပရိုဂရမ်မာ	pa. jou ga. jan ma
engenheiro (m)	အင်ဂျင်နီယာ	in gjin ni ja
marujo (m)	သင်္ဘောသား	thin: bo: dha:
marinheiro (m)	သင်္ဘောသား	thin: bo: dha:
salvador (m)	ကယ်ဆယ်သူ	ke ze dhu
bombeiro (m)	မီးသတ်သမား	mi: tha' dhama:
polícia (m)	ရဲ	je:
guarda-noturno (m)	အစောင့်	asaun.
detetive (m)	စုံထောက်	soun dau'
funcionário (m) da alfândega	အကောက်ခွန်အရာရှိ	akau' khun aja shi.
guarda-costas (m)	သက်တော်စောင့်	the' to zaun.

guarda (m) prisional	ထောင်စောင့်	htaun zaun.
inspetor (m)	ရဲအုပ်	je: ou'
desportista (m)	အားကစားသမား	a: gaza: dhama:
treinador (m)	နည်းပြ	ne: bja.
talhante (m)	သားသတ်သမား	tha: dha' thama:
sapateiro (m)	ဖိနပ်ချုပ်သမား	hpana' chou' tha ma:
comerciante (m)	ကုန်သည်	koun de
carregador (m)	ကုန်ထမ်းသမား	koun din dhama:
estilista (m)	ဖက်ရှင်ဒီဇိုင်နာ	hpe' shin di zain na
modelo (f)	မော်ဒယ်	mo de

93. Ocupações. Estatuto social

aluno, escolar (m)	ကျောင်းသား	kjaun: dha:
estudante (~ universitária)	ကျောင်းသား	kjaun: dha:
filósofo (m)	ဒဿနပညာရှင်	da' thana. pjin nja shin
economista (m)	ဘောဂဗေဒပညာရှင်	bo ga bei da ba nja shin
inventor (m)	တီထွင်သူ	ti htwin dhu
desempregado (m)	အလုပ်လက်မဲ့	alou' le' me.
reformado (m)	အငြိမ်းစား	anjein: za:
espião (m)	သူလျှို	thu shou
preso (m)	ထောင်သား	htaun dha:
grevista (m)	သပိတ်မှောက်သူ	thabei' hmau' thu
burocrata (m)	ဗျူရိုကရက်အရာရှိ	bju jou ka. je' aja shi.
viajante (m)	ခရီးသွား	khaji: thwa:
homossexual (m)	လိင်တူချင်းဆက်ဆံသူ	lein du cjin: ze' hsan dhu
hacker (m)	ဟက်ကာ	he' ka
hippie	လူမှုဝေလူများကို သွေဖယ်သူ	lu hmu. da. lei. mja: gou
bandido (m)	ဓားပြ	damja.
assassino (m) a soldo	လူသတ်သမား	lu dha' thama:
toxicodependente (m)	ဆေးစွဲသူ	hsei: zwe: dhu
traficante (m)	မူးယစ်ဆေးရောင်းဝယ်သူ	mu: ji' hsei: jaun we dhu
prostituta (f)	ပြည့်တန်ဆာ	pjei. dan za
chulo (m)	ဖာခေါင်း	hpa gaun:
bruxo (m)	မှော်ဆရာ	hmo za. ja
bruxa (f)	မှော်ဆရာမ	hmo za. ja ma.
pirata (m)	ပင်လယ်ဓားပြ	pin le da: bja.
escravo (m)	ကျွန်	kjun
samurai (m)	ဓားမှုရှင်း	hsa mu jain:
selvagem (m)	လူရိုင်း	lu jain:

Educação

94. Escola

escola (f)	စာသင်ကျောင်း	sa dhin gjaun:
diretor (m) de escola	ကျောင်းအုပ်ကြီး	ko: ou' kji:

aluno (m)	ကျောင်းသား	kjaun: dha:
aluna (f)	ကျောင်းသူ	kjaun: dhu
escolar (m)	ကျောင်းသား	kjaun: dha:
escolar (f)	ကျောင်းသူ	kjaun: dhu

ensinar (vt)	သင်ကြားသည်	thin kja: de
aprender (vt)	သင်ယူသည်	thin ju de
aprender de cor	အလွတ်ကျက်သည်	alu' kje' de

estudar (vi)	သင်ယူသည်	thin ju de
andar na escola	ကျောင်းတက်သည်	kjaun: de' de
ir à escola	ကျောင်းသွားသည်	kjaun: dhwa: de

alfabeto (m)	အက္ခရာ	e' kha ja
disciplina (f)	ဘာသာရပ်	ba da ja'

sala (f) de aula	စာသင်ခန်း	sa dhin gan:
lição (f)	သင်ခန်းစာ	thin gan: za
recreio (m)	အနားချိန်	ana: gjain
toque (m)	ခေါင်းလောင်းသံ	gaun: laun: dhan
carteira (f)	စာရေးခုံ	sajei: khoun
quadro (m) negro	ကျောက်သင်ပုန်း	kjau' thin boun:

nota (f)	အမှတ်	ahma'
boa nota (f)	အမှတ်အဆင့်မြင့်	ahma' ahsin. mjin.
nota (f) baixa	အမှတ်အဆင့်နိမ့်	ahma' ahsin. nin.
dar uma nota	အမှတ်ပေးသည်	ahma' pei: de

erro (m)	အမှား	ahma:
fazer erros	အမှားလုပ်သည်	ahma: lou' te
corrigir (vt)	အမှားပြင်သည်	ahma: pjin de
cábula (f)	ခိုးကူးရန်စာ ရွက်အပိုင်းအစ	khou: gu: jan za jwe' apain: asa.

dever (m) de casa	အိမ်စာ	ein za
exercício (m)	လေ့ကျင့်ခန်း	lei. kjin. gan:

estar presente	ရှိသည်	shi. de
estar ausente	ပျက်ကွက်သည်	pje' kwe' te
faltar às aulas	အတန်းပျက်ကွက်သည်	atan: bje' kwe' te

punir (vt)	အပြစ်ပေးသည်	apja' pei: de
punição (f)	အပြစ်ပေးခြင်း	apja' pei: gjin:

comportamento (m)	အပြုအမူ	apju amu
boletim (m) escolar	စာမေးပွဲမှတ်တမ်း	sa mei: hma' tan:
lápis (m)	ခဲတံ	khe: dan
borracha (f)	ခဲဖျက်	khe: bje'
giz (m)	မြေဖြူ	mjei bju
estojo (m)	ခဲတံဘူး	khe: dan bu:
pasta (f) escolar	ကျောင်းသုံးလွယ်အိတ်	kjaun: dhoun: lwe ji'
caneta (f)	ဘောပင်	bo pin
caderno (m)	လေ့ကျင့်ခန်းစာအုပ်	lei. kjin. gan: za ou'
manual (m) escolar	ဖတ်စာအုပ်	hpa' sa au'
compasso (m)	ထောက်ဆူး	htau' hsu:
traçar (vt)	ပုံကြမ်းဆွဲသည်	poun: gjam: zwe: de
desenho (m) técnico	နည်းပညာဆိုင်ရာပုံကြမ်း	ne bi nja zain ja boun gjan:
poesia (f)	ကဗျာ	ka. bja
de cor	အလွတ်	alu'
aprender de cor	အလွတ်ကျက်သည်	alu' kje' de
férias (f pl)	ကျောင်းပိတ်ရက်	kjaun: bi' je'
estar de férias	အားလပ်ရက်ရှိသည်	a: la' je' ja. de
passar as férias	အားလပ်ရက်ဖြတ်သန်းသည်	a: la' je' hpja' than: de
teste (m)	အခန်းဆုံးစစ်ဆေးမှု	akhan: zain zi' hsei: hmu
composição, redação (f)	စာစီကုံး	sa zi za koun:
ditado (m)	သတ်ပုံခေါ်ပေးခြင်း	tha' poun go bei: gjin:
exame (m)	စာမေးပွဲ	sa mei: bwe:
fazer exame	စာမေးပွဲဖြေသည်	sa mei: bwe: bjei de
experiência (~ química)	လက်တွေ့လုပ်ဆောင်မှု	le' twei. lou' zaun hma.

95. Colégio. Universidade

academia (f)	အထူးပညာသင်ကျောင်း	a htu: bjin nja dhin kjaun:
universidade (f)	တက္ကသိုလ်	te' kathou
faculdade (f)	ဌာန	hta. na.
estudante (m)	ကျောင်းသား	kjaun: dha:
estudante (f)	ကျောင်းသူ	kjaun: dhu
professor (m)	သင်ကြားပို့ချသူ	thin kja: bou. gja. dhu
sala (f) de palestras	စာသင်ခန်း	sa dhin gan:
graduado (m)	ဘွဲ့ရသူ	bwe. ja. dhu
diploma (m)	ဒီပလိုမာ	di' lou ma
tese (f)	သုတေသနစာတမ်း	thu. tei thana za dan:
estudo (obra)	သုတေသနစာတမ်း	thu. tei thana za dan
laboratório (m)	လက်တွေ့ခန်း	le' twei. gan:
palestra (f)	သင်ကြားပို့ချမှု	thin kja: bou. gja. hmu.
colega (m) de curso	အတန်းဖော်	atan: hpo
bolsa (f) de estudos	ပညာသင်ဆု	pjin nja dhin zu.
grau (m) académico	တက္ကသိုလ်ဘွဲ့	te' kathou bwe.

96. Ciências. Disciplinas

Português	Birmanês	Transliteração
matemática (f)	သင်္ချာ	thin cha
álgebra (f)	အက္ခရာသင်္ချာ	e' kha ja din gja
geometria (f)	ဂျီဩမေတြီ	gji o: mei tri
astronomia (f)	နက္ခတ္တဗေဒ	ne' kha' ta. bei da.
biologia (f)	ဇီဝဗေဒ	zi: wa bei da.
geografia (f)	ပထဝီဝင်	pahtawi win
geologia (f)	ဘူမိဗေဒ	buu mi. bei da.
história (f)	သမိုင်း	thamain:
medicina (f)	ဆေးပညာ	hsei: pjin nja
pedagogia (f)	သင်ကြားနည်းပညာ	thin kja: nei: pin nja
direito (m)	ဥပဒေဘာသာရပ်	u. ba. bei ba dha ja'
física (f)	ရူပဗေဒ	ju bei da.
química (f)	ဓာတုဗေဒ	da tu. bei da.
filosofia (f)	ဒဿနိကဗေဒ	da' tha ni. ga. bei da.
psicologia (f)	စိတ်ပညာ	sei' pjin nja

97. Sistema de escrita. Ortografia

Português	Birmanês	Transliteração
gramática (f)	သဒ္ဒါ	dhada
vocabulário (m)	ဝေါဟာရ	wo: ha ra.
fonética (f)	သဒ္ဒဗေဒ	dhada. bei da.
substantivo (m)	နာမ်	nan
adjetivo (m)	နာမဝိသေသန	nan wi. dhei dha. na.
verbo (m)	ကြိယာ	kji ja
advérbio (m)	ကြိယာဝိသေသန	kja ja wi. dhei dha. na.
pronome (m)	နာမ်စား	nan za:
interjeição (f)	အာမေဍိတ်	a mei dei'
preposição (f)	ဝိဘတ်	wi ba'
raiz (f) da palavra	ဝေါဟာရရင်းမြစ်	wo: ha ra. jin: mji'
terminação (f)	အဆုံးသတ်	ahsoun: tha'
prefixo (m)	ရှေ့ဆက်ပုဒ်	shei. hse' pou'
sílaba (f)	ဝဏ္ဏ	wun na.
sufixo (m)	နောက်ဆက်ပုဒ်	nau' ze' pou'
acento (m)	ဝိသံသကေ်တ	hpi. dhan dha. gei da.
apóstrofo (m)	ပိုင်ဆိုင်ခြင်းပြသကေ်တ	pain zain bjin: bja tin kei ta.
ponto (m)	ဖူးလံစတော့ပ်	hpu: l za. po. p
vírgula (f)	ပုဒ်ထီးသကေ်တ	pou' hti: tin kei ta.
ponto e vírgula (m)	အဖြတ်အရပ်သကေ်တ	a hpja' aja' tha ngei da
dois pontos (m pl)	ကိုလန်	kou lan
reticências (f pl)	စာချန်ပြအမှတ်အသား	sa gjan bja ahma' atha:
ponto (m) de interrogação	မေးခွန်းပြအမှတ်အသား	mei: gun: bja. ahma' adha:
ponto (m) de exclamação	အာမေဍိတ်အမှတ်အသား	a mei dei' ahma' atha:

aspas (f pl)	မျက်တောင်အဖွင့်အပိတ်	mje' taun ahpwin. apei'
entre aspas	မျက်တောင်အဖွင့်အပိတ်-အတွင်း	mje' taun ahpwin. apei' atwin:
parênteses (m pl)	ကွင်း	kwin:
entre parênteses	ကွင်းအတွင်း	kwin: atwin:
hífen (m)	တုံးတို	toun: dou
travessão (m)	တုံးရှည်	toun: she
espaço (m)	ကွက်လပ်	kwe' la'
letra (f)	စာလုံး	sa loun:
letra (f) maiúscula	စာလုံးကြီး	sa loun: gji:
vogal (f)	သရ	thara.
consoante (f)	ဗျည်း	bjin:
frase (f)	ဝါကျ	we' kja.
sujeito (m)	ကံ	kan
predicado (m)	ဝါစက	wa saka.
linha (f)	မျဉ်းကြောင်း	mjin: gjaun:
em uma nova linha	မျဉ်းကြောင်းအသစ်ပေါ်မှာ	mjin: gjaun: athi' bo hma.
parágrafo (m)	စာပိုဒ်	sa pai'
palavra (f)	စကားလုံး	zaga: loun:
grupo (m) de palavras	စကားစု	zaga: zu.
expressão (f)	ဖော်ပြချက်	hpjo bja. gje'
sinónimo (m)	အနက်တူ	ane' tu
antónimo (m)	ဆန့်ကျင်ဘက်အနက်	hsan. gjin ba' ana'
regra (f)	စည်းမျဉ်းစည်းကမ်း	si: mjin: si: kan:
exceção (f)	ခြွင်းချက်	chwin: gje'
correto	မှန်ကန်သော	hman gan de.
conjugação (f)	ကြိယာပုံစံပြောင်းခြင်း	kji ja boun zan pjaun: chin:
declinação (f)	သဒ္ဒါပြောင်းလဲပုံ	dhada bjaun: le: boun
caso (m)	နာမ်ပြောင်းပုံစံ	nan bjaun: boun zan
pergunta (f)	မေးခွန်း	mei: gun:
sublinhar (vt)	အလေးထားဖော်ပြသည်	a lei: da: hpo pja. de
linha (f) pontilhada	အစက်မျဉ်း	ase' mjin:

98. Línguas estrangeiras

língua (f)	ဘာသာစကား	ba dha zaga:
estrangeiro	နိုင်ငံခြားနှင့်ဆိုင်သော	nain ngan gja: hnin. zain de.
língua (f) estrangeira	နိုင်ငံခြားဘာသာစကား	nain ngan gja: ba dha za ga:
estudar (vt)	သင်ယူလေ့လာသည်	thin ju lei. la de
aprender (vt)	သင်ယူသည်	thin ju de
ler (vt)	ဖတ်သည်	hpa' te
falar (vi)	ပြောသည်	pjo: de
compreender (vt)	နားလည်သည်	na: le de
escrever (vt)	ရေးသည်	jei: de
rapidamente	မြန်မြန်	mjan mjan
devagar	ဖြည်းဖြည်း	hpjei: bjei:

fluentemente	ကျွမ်းကျွမ်းကျင်ကျင်	kjwan: gjwan: gjin gjin
regras (f pl)	စည်းမျဉ်းစည်းကမ်း	si: mjin: si: kan:
gramática (f)	သဒ္ဒါ	dhada
vocabulário (m)	ဝေါဟာရ	wo: ha ra.
fonética (f)	သဒ္ဒဗေဒ	dhada. bei da.

manual (m) escolar	ဖတ်စာအုပ်	hpa' sa au'
dicionário (m)	အဘိဓာန်	abi. dan
manual (m) de autoaprendizagem	မိမိဘာသာလေ့လာနိုင်သောစာအုပ်	mi. mi. ba dha lei. la nain dho: za ou'
guia (m) de conversação	နှစ်ဘာသာစကားပြောစာအုပ်	hni' ba dha zaga: bjo: za ou'

cassete (f)	တိပ်ခွေ	tei' khwei
vídeo cassete (m)	ရုပ်ရှင်တိပ်ခွေ	jou' shin dei' hpwei
CD (m)	စီဒီခွေ	si di gwei
DVD (m)	ဒီဗီဒီခွေ	di bi di gwei

alfabeto (m)	အက္ခရာ	e' kha ja
soletrar (vt)	စာလုံးပေါင်းသည်	sa loun: baun: de
pronúncia (f)	အသံထွက်	athan dwe'

sotaque (m)	ဝဲသံ	we: dhan
com sotaque	ဝဲသံနှင့်	we: dhan hnin.
sem sotaque	ဝဲသံမပါဘဲ	we: dhan ma. ba be:

| palavra (f) | စကားလုံး | zaga: loun: |
| sentido (m) | အဓိပ္ပါယ် | adei' be |

cursos (m pl)	သင်တန်း	thin dan:
inscrever-se (vr)	စာရင်းသွင်းသည်	sajin: dhwin: de
professor (m)	ဆရာ	hsa ja

tradução (processo)	ဘာသာပြန်ခြင်း	ba dha bjan gjin:
tradução (texto)	ဘာသာပြန်ထားချက်	ba dha bjan da: gje'
tradutor (m)	ဘာသာပြန်	ba dha bjan
intérprete (m)	စကားပြန်	zaga: bjan

| poliglota (m) | ဘာသာစကားအများပြောနိုင်သူ | ba dha zaga: amja: bjo: nain dhu |
| memória (f) | မှတ်ညဏ် | hma' njan |

Descanso. Entretenimento. Viagens

99. Viagens

turismo (m)	ခရီးသွားလုပ်ငန်း	khaji: thwa: lou' ngan:
turista (m)	ကမ္ဘာလှည့်ခရီးသည်	ga ba hli. kha. ji: de
viagem (f)	ခရီးထွက်ခြင်း	khaji: htwe' chin:
aventura (f)	စွန့်စားမှု	sun. za: hmu.
viagem (f)	ခရီး	khaji:
férias (f pl)	ခွင့်ရက်	khwin. je'
estar de férias	အခွင့်ယူသည်	akhwin. ju de
descanso (m)	အနားယူခြင်း	ana: ju gjin:
comboio (m)	ရထား	jatha:
de comboio (chegar ~)	ရထားနဲ့	jatha: ne.
avião (m)	လေယာဉ်	lei jan
de avião	လေယာဉ်နဲ့	lei jan ne.
de carro	ကားနဲ့	ka: ne.
de navio	သင်္ဘောနဲ့	thin: bo: ne.
bagagem (f)	ဝန်စည်စလည်	wun zi za. li
mala (f)	သားရေသေတ္တာ	tha: jei dhi' ta
carrinho (m)	ပစ္စည်းတင်ရန်တွန်းလှည်း	pji' si: din jan dun: hle:
passaporte (m)	နိုင်ငံကူးလက်မှတ်	nain ngan gu: le' hma'
visto (m)	ဗီဇာ	bi za
bilhete (m)	လက်မှတ်	le' hma'
bilhete (m) de avião	လေယာဉ်လက်မှတ်	lei jan le' hma'
guia (m) de viagem	လမ်းညွှန်စာအုပ်	lan: hnjun za ou'
mapa (m)	မြေပုံ	mjei boun
local (m), area (f)	ဒေသ	dei dha.
lugar, sítio (m)	နေရာ	nei ja
exotismo (m)	အထူးအဆန်းပစ္စည်း	a htu: a hsan: bji' si:
exótico	အထူးအဆန်းဖြစ်သော	a htu: a hsan: hpja' te.
surpreendente	အံ့သြစရာကောင်းသော	an. o: sa ja kaun de.
grupo (m)	အုပ်စု	ou' zu.
excursão (f)	လေ့လာရေးခရီး	lei. la jei: gaji:
guia (m)	လမ်းညွှန်	lan: hnjun

100. Hotel

hotel (m)	ဟိုတယ်	hou te
motel (m)	မိုတယ်	mou te
três estrelas	ကြယ် ၃ ပွင့်အဆင့်	kje thoun: pwin. ahsin.

cinco estrelas	ကြယ် ၅ ပွင့်အဆင့်	kje nga: pwin. ahsin.
ficar (~ num hotel)	တည်းခိုသည်	te: khou de
quarto (m)	အခန်း	akhan:
quarto (m) individual	တစ်ယောက်ခန်း	ti' jau' khan:
quarto (m) duplo	နှစ်ယောက်ခန်း	hni' jau' khan:
reservar um quarto	ကြိုတင်မှာယူသည်	kjou tin hma ju de
meia pensão (f)	ကြိုတင်တစ်ဝက်ငွေရှေ့ရှင်း	kjou tin di' we' ngwe gjei gjin:
pensão (f) completa	ငွေအပြည့်ကြို	ngwei apjei. kjou
	တင်ပေးရှေ့ရှင်း	din bei: chei chin:
com banheira	ရေချိုးခန်းနှင့်	jei gjou gan: hnin.
com duche	ရေပန်းနှင့်	jei ban: hnin.
televisão (m) satélite	ဂြိုဟ်တုရုပ်မြင်သံကြား	gjou' htu. jou' mjin dhan gja:
ar (m) condicionado	လေအေးပေးစက်	lei ei: bei: ze'
toalha (f)	တဘက်	tabe'
chave (f)	သော့	tho.
administrador (m)	အုပ်ချုပ်ရေးမှူး	ou' chu' jei: hmu:
camareira (f)	သန့်ရှင်းရေးဝန်ထမ်း	than. shin: jei: wun dan:
bagageiro (m)	အထမ်းသမား	a htan: dha. ma:
porteiro (m)	တံခါးဝမှ ဆွဲကြို	daga: wa. hma. e. kjou
restaurante (m)	စားသောက်ဆိုင်	sa: thau' hsain
bar (m)	ဘား	ba:
pequeno-almoço (m)	နံနက်စာ	nan ne' za
jantar (m)	ညစာ	nja. za
buffet (m)	ဘူဖေး	bu hpei:
hall (m) de entrada	နာရောင်ခန်း	hna jaun gan:
elevador (m)	ဓာတ်လှေကား	da' hlei ga:
NÃO PERTURBE	မနှောင့်ယှက်ရ	ma. hnaun hje' ja.
PROIBIDO FUMAR!	ဆေးလိပ်မသောက်ရ	hsei: lei' ma. dhau' ja.

EQUIPAMENTO TÉCNICO. TRANSPORTES

Equipamento técnico. Transportes

101. Computador

computador (m)	ကွန်ပျူတာ	kun pju ta
portátil (m)	လပ်တော့	la' to.
ligar (vt)	ဖွင့်သည်	hpwin. de
desligar (vt)	ပိတ်သည်	pei' te
teclado (m)	ကီးဘုတ်	kji: bou'
tecla (f)	ကီး	kji:
rato (m)	မောက်စ်	mau's
tapete (m) de rato	မောက်စ်အောက်ခံပြား	mau's au' gan bja:
botão (m)	ခလုတ်	khalou'
cursor (m)	ညွှန်ပြား	hnjun: ma:
monitor (m)	မော်နီတာ	mo ni ta
ecrã (m)	မှန်သားပြင်	hman dha: bjin
disco (m) rígido	ဟတ်ဒစ်-အချက်အလက် သိမ်းပစ္စည်း	ha' di' akja' ale' thein: bji' si:
capacidade (f) do disco rígido	ဟတ်ဒစ်သိုလှောင်နိုင်မှု	ha' di' thou laun nain hmu.
memória (f)	မှတ်ဉာဏ်	hma' njan
memória RAM (f)	ရမ်	ran
ficheiro (m)	ဖိုင်	hpain
pasta (f)	စာတွဲဖိုင်	sa dwe: bain
abrir (vt)	ဖွင့်သည်	hpwin. de
fechar (vt)	ပိတ်သည်	pei' te
guardar (vt)	သိမ်းဆည်းသည်	thain: zain: de
apagar, eliminar (vt)	ဖျက်သည်	hpje' te
copiar (vt)	မိတ္တူကူးသည်	mi' tu gu: de
ordenar (vt)	ခွဲသည်	khwe: de
copiar (vt)	ပြန်ကူးသည်	pjan gu: de
programa (m)	ပရိုဂရမ်	pa. jou ga. jan
software (m)	ဆော့ဖ်ဝဲ	hso. hp we:
programador (m)	ပရိုဂရမ်မာ	pa. jou ga. jan ma
programar (vt)	ပရိုဂရမ်ရေးသည်	pa. jou ga. jan jei: de
hacker (m)	ဟက်ကာ	he' ka
senha (f)	စကားဝှက်	zaga: hwe'
vírus (m)	ပိုင်းရပ်စ်	bain ja's
detetar (vt)	ရှာဖွေသည်	sha hpwei de

byte (m)	ဘိုက်	bai'
megabyte (m)	မီဂါဘိုက်	mi ga bai'
dados (m pl)	အချက်အလက်	ache' ale'
base (f) de dados	ဒေတာဘေ့စ်	dei da bei. s
cabo (m)	ကေဘယ်ကြိုး	kei be kjou:
desconectar (vt)	ဖြုတ်သည်	hpjei: de
conetar (vt)	တပ်သည်	ta' te

102. Internet. E-mail

internet (f)	အင်တာနက်	in ta na'
browser (m)	ဘရောက်ဆာ	ba. jau' hsa
motor (m) de busca	ဆာချ်အင်ဂျင်	hsa. ch in gjin
provedor (m)	ပံ့ပိုးသူ	pan. bou: dhu
webmaster (m)	ဝဘ်မာစတာ	we' sai' ma sa. ta
website, sítio web (m)	ဝဘ်ဆိုက်	we' sai'
página (f) web	ဝဘ်ဆိုဒ်စာမျက်နှာ	we' sai' sa mje' hna
endereço (m)	လိပ်စာ	lei' sa
livro (m) de endereços	လိပ်စာမှတ်စု	lei' sa hmat' su.
caixa (f) de correio	စာတိုက်ပုံး	sa dai' poun:
correio (m)	စာ	sa
cheia (caixa de correio)	ပြည့်သော	pjei. de.
mensagem (f)	သတင်း	dhadin:
mensagens (f pl) recebidas	အဝင်သတင်း	awin dha din:
mensagens (f pl) enviadas	အထွက်သတင်း	a htwe' tha. din:
remetente (m)	ပို့သူ	pou. dhu
enviar (vt)	ပို့သည်	pou. de
envio (m)	ပို့ခြင်း	pou. gjin:
destinatário (m)	လက်ခံသူ	le' khan dhu
receber (vt)	လက်ခံရရှိသည်	le' khan ja. shi. de
correspondência (f)	စာအဆက်အသွယ်	sa ahse' athwe
corresponder-se (vr)	စာပေးစာယူလုပ်သည်	sa pei: za ju lou' te
ficheiro (m)	ဖိုင်	hpain
fazer download, baixar	ဒေါင်းလော့ဒ်လုပ်သည်	daun: lo. d lou' de
criar (vt)	ဖန်တီးသည်	hpan di: de
apagar, eliminar (vt)	ချက်သည်	hpje' te
eliminado	ချက်ပြီးသော	hpje' pji: de.
conexão (f)	ဆက်သွယ်မှု	hse' thwe hmu.
velocidade (f)	နှုန်း	hnun:
modem (m)	မိုဒမ်း	mou dan:
acesso (m)	ဝင်လမ်း	win lan
porta (f)	ဝဘ်	we: be'
conexão (f)	အချိတ်အဆက်	achei' ahse'

conetar (vi)	ချိတ်ဆက်သည်	chei' hse' te
escolher (vt)	ရွေးချယ်သည်	jwei: che de
buscar (vt)	ရှာသည်	sha de

103. Eletricidade

eletricidade (f)	လျှပ်စစ်ဓာတ်အား	hlja' si' da' a:
elétrico	လျှပ်စစ်နှင့်ဆိုင်သော	hlja' si' hnin. zain de.
central (f) elétrica	လျှပ်စစ်ထုပ်လုပ်သောစက်ရုံ	hlja' si' htou' lou' tho: ze' joun
energia (f)	စွမ်းအင်	swan: in
energia (f) elétrica	လျှပ်စစ်စွမ်းအား	hlja' si' swan: a:
lâmpada (f)	မီးသီး	mi: dhi:
lanterna (f)	ဓာတ်မီး	da' mi:
poste (m) de iluminação	လမ်းမီး	lan: mi:
luz (f)	အလင်းရောင်	alin: jaun
ligar (vt)	ဖွင့်သည်	hpwin. de
desligar (vt)	ပိတ်သည်	pei' te
apagar a luz	မီးပိတ်သည်	mi: pi' te
fundir (vi)	မီးကျွမ်းသည်	mi: kjwan: de
curto-circuito (m)	လျှပ်စီးပတ်လမ်းပြတ်ခြင်း	hlja' si: ba' lan: bja' chin:
rutura (f)	ဝိုင်ယာကြိုးအပြတ်	wain ja gjou: apja'
contacto (m)	လျှပ်ကူးပစ္စည်း	hlja' ku: pji' si:
interruptor (m)	ခလုတ်	khalou'
tomada (f)	ပလပ်ပေါက်	pa. la' pau'
ficha (f)	ပလပ်	pa. la'
extensão (f)	ကြားဆက်ကြိုး	ka: ze' kjou:
fusível (m)	ဖျူစ်	hpju: s
fio, cabo (m)	ဝိုင်ယာကြိုး	wain ja gjou:
instalação (f) elétrica	လျှပ်စစ်ကြိုးသွယ်တန်းမှု	hlja' si' kjou: dhwe dan: hmu
ampere (m)	အမ်ပီယာ	an bi ja
amperagem (f)	အသံချဲ့စက်	athan che. zek
volt (m)	ဗို	boi.
voltagem (f)	ဗို့အား	bou. a:
aparelho (m) elétrico	လျှပ်စစ်ပစ္စည်း	hlja' si' pji' si:
indicador (m)	အချက်ပြ	ache' pja.
eletricista (m)	လျှပ်စစ်ပညာရှင်	hlja' si' pa. nja shin
soldar (vt)	ဂဟေဆော်သည်	gahei hso de
ferro (m) de soldar	ဂဟေဆော်တံ	gahei hso dan
corrente (f) elétrica	လျှပ်စီးကြောင်း	hlja' si: gjaun:

104. Ferramentas

ferramenta (f)	ကိရိယာ	ki. ji. ja
ferramentas (f pl)	ကိရိယာများ	ki. ji. ja mja:

equipamento (m)	စက်ကိရိယာပစ္စည်းများ	se' kari. ja pji' si: mja:
martelo (m)	တူ	tu
chave (f) de fendas	ဝက်အူလှည့်	we' u hli.
machado (m)	ပုဆိန်	pahsein
serra (f)	လွှ	hlwa.
serrar (vt)	လွှတိုက်သည်	hlwa. dai' de
plaina (f)	ရွှေပေါ်	jwei bo
aplainar (vt)	ရွှေပေါ်ထိုးသည်	jwei bo dou: de
ferro (m) de soldar	ဂဟေဆော်တံ	gahei hso dan
soldar (vt)	ဂဟေဆော်သည်	gahei hso de
lima (f)	တံစဉ်း	tan zin:
tenaz (f)	သံညှပ်	than hnou'
alicate (m)	ပလာယာ	pa. la ja
formão (m)	ဆောက်	hsau'
broca (f)	လွန်	lun
berbequim (f)	လျှပ်စစ်လွန်	hlja' si' lun
furar (vt)	လွန်ဖြင့်ဖောက်သည်	lun bjin. bau' de
faca (f)	ဓား	da:
canivete (m)	မောင်းဂျက်ဓား	maun: gje' da:
lâmina (f)	ဓားသွား	da: dhwa
afiado	ချွန်ထက်သော	chwan de' te.
cego	တုံးသော	toun: dho:
embotar-se (vr)	တုံးသွားသည်	toun: dwa de
afiar, amolar (vt)	သွေးသည်	thwei: de
parafuso (m)	မူလီ	mu li
porca (f)	မူလီခေါင်း	mu li gaun:
rosca (f)	ဝက်အူရစ်	we' u ji'
parafuso (m) para madeira	ဝက်အူ	we' u
prego (m)	အိမ်ရိုက်သံ	ein jai' than
cabeça (f) do prego	သံခေါင်း	than gaun:
régua (f)	ပေတံ	pei dan
fita (f) métrica	ပေကြိုး	pei gjou:
nível (m)	ရေချိန်	jei gjain
lupa (f)	မှန်ဘီလူး	hman bi lu:
medidor (m)	တိုင်းသည့်ကိရိယာ	tain: dhi. ki. ji. ja
medir (vt)	တိုင်းသည်	tain: de
escala (f)	စကေး	sakei:
indicação (f), registo (m)	ပြသောပမာဏ	pja. dho: ba ma na.
compressor (m)	ဖိသိပ်စက်	hpi. dhi' se'
microscópio (m)	အကုကြည့်ကိရိယာ	anu gji. gi. ji. ja
bomba (f)	လေထိုးစက်	lei dou: ze'
robô (m)	စက်ရုပ်	se' jou'
laser (m)	လေဆာ	lei za
chave (f) de boca	ခွ	khwa.
fita (f) adesiva	တိပ်	tei'

cola (f)	ကော်	ko
lixa (f)	ကော်ဖတ်စက္ကူ	ko hpa' se' ku
mola (f)	ညွတ်သံခွေ	hnju' dhan gwei
íman (m)	သံလိုက်	than lai'
luvas (f pl)	လက်အိတ်	lei' ei'

corda (f)	ကြိုး	kjou:
cordel (m)	ကြိုးလုံး	kjou: loun:
fio (m)	ဝိုင်ယာကြိုး	wain ja gjou:
cabo (m)	ကေဘယ်ကြိုး	kei be kjou:

marreta (f)	တူကြီး	tou gji:
pé de cabra (m)	တူးရှွင်း	tu: jwin:
escada (f) de mão	လှေကား	hlei ga:
escadote (m)	ခေါက်လှေကား	khau' hlei ka:

enroscar (vt)	ဝက်အူကျစ်သည်	we' u gji' te
desenroscar (vt)	ဝက်အူဖြုတ်သည်	we' u bju' te
apertar (vt)	ကျပ်သည်	kja' te.
colar (vt)	ကော်ကပ်သည်	ko ka' de
cortar (vt)	ဖြတ်သည်	hpja' te

falha (mau funcionamento)	ချွတ်ယွင်းချက်	chwe' jwin: che'
conserto (m)	ပြန်လည်ပြင်ဆင်ခြင်း	pjan le: bjin zin gjin:
consertar, reparar (vt)	ပြန်လည်ပြင်ဆင်သည်	pjan le bjin zin de
regular, ajustar (vt)	ညှိသည်	hnji. de

verificar (vt)	စစ်ဆေးသည်	si' hsei: de
verificação (f)	စစ်ဆေးခြင်း	si' hsei: gjin:
indicação (f), registo (m)	ပြသောပမာဏ	pja. dho: ba ma na.

seguro	စိတ်ချရသော	sei' cha. ja. de.
complicado	ရှုပ်ထွေးသော	sha' htwei: de.

enferrujar (vi)	သံချေးတက်သည်	than gjei: da' te
enferrujado	သံချေးတက်သော	than gjei: da' te.
ferrugem (f)	သံချေး	than gjei:

Transportes

105. Avião

avião (m)	လေယာဉ်	lei jan
bilhete (m) de avião	လေယာဉ်လက်မှတ်	lei jan le' hma'
companhia (f) aérea	လေကြောင်း	lei gjaun:
aeroporto (m)	လေဆိပ်	lei zi'
supersónico	အသံထက်မြန်သော	athan de' mjan de.
comandante (m) do avião	လေယာဉ်မှူး	lei jan hmu:
tripulação (f)	လေယာဉ်အမှုထမ်းအဖွဲ့	lei jan ahmu. dan: ahpwe.
piloto (m)	လေယာဉ်မောင်းသူ	lei jan maun dhu
hospedeira (f) de bordo	လေယာဉ်မယ်	lei jan me
copiloto (m)	လေကြောင်းပြ	lei gjaun: bja.
asas (f pl)	လေယာဉ်တောင်ပံ	lei jan daun ban
cauda (f)	လေယာဉ်အမြီး	lei jan amji:
cabine (f) de pilotagem	လေယာဉ်မောင်းအခန်း	lei jan maun akhan:
motor (m)	အင်ဂျင်	in gjin
trem (m) de aterragem	အောက်ခံတောင်	au' khan baun
turbina (f)	တာဗိုင်	ta bain
hélice (f)	ပန်ကာ	pan ga
caixa-preta (f)	ဘလက်သောက်	ba. le' bo'
coluna (f) de controlo	ပွဲကိုင်ဘီး	pe. gain bi:
combustível (m)	လောင်စာ	laun za
instruções (f pl) de segurança	အရေးပေါ်လုံခြုံရေး ညွှန်ကြားးစာ	ajei: po' choun loun jei: hnjun gja: za
máscara (f) de oxigénio	အောက်ဆီဂျင်မျက်နှာဖုံး	au' hsi gjin mje' hna hpoun:
uniforme (m)	ယူနီဖောင်း	ju ni hpaun:
colete (m) salva-vidas	အသက်ကယ်အင်္ကျီ	athe' kai in: gji
paraquedas (m)	လေထီး	lei di:
descolagem (f)	ထွက်ခွါခြင်း	htwe' khwa gjin:
descolar (vi)	ပျံတက်သည်	pjan de' te
pista (f) de descolagem	လေယာဉ်ပြေးလမ်း	lei jan bei: lan:
visibilidade (f)	မြင်ကွင်း	mjin gwin:
voo (m)	ပျံသန်းခြင်း	pjan dan: gjin:
altura (f)	အမြင့်	amjin.
poço (m) de ar	လေမငြိမ်အရပ်	lei ma ngjin aja'
assento (m)	ထိုင်ခုံ	htain goun
auscultadores (m pl)	နားကြပ်	na: kja'
mesa (f) rebatível	ခေါက်စားပွဲ	khau' sa: bwe:
vigia (f)	လေယာဉ်ပြတင်းပေါက်	lei jan bja. din: bau'
passagem (f)	မင်းလမ်း	min: lan:

106. Comboio

Português	Birmanês	Transliteração
comboio (m)	ရထား	jatha:
comboio (m) suburbano	လျှပ်စစ်ဓာတ်အားသုံးရထား	hlja' si' da' a: dhou: ja da:
comboio (m) rápido	အမြန်ရထား	aman ja. hta:
locomotiva (f) diesel	ဒီဇယ်ရထား	di ze ja da:
locomotiva (f) a vapor	ရေနွေးငွေ့စက်ခေါင်း	jei nwei: ngwei. ze' khaun:
carruagem (f)	အတွဲ	atwe:
carruagem restaurante (f)	စားသောက်တွဲ	sa: thau' thwe:
carris (m pl)	ရထားသံလမ်း	jatha dhan lan:
caminho de ferro (m)	ရထားလမ်း	jatha: lan:
travessa (f)	ဇလီဖားတုံး	zali ba: doun
plataforma (f)	စင်္ကြန်	sin gjan
linha (f)	ရထားစင်္ကြန်	jatha zin gjan
semáforo (m)	မီးပွိုင့်	mi: bwain.
estação (f)	ဘူတာရုံ	bu da joun
maquinista (m)	ရထားမောင်းသူ	jatha: maun: dhu
bagageiro (m)	အထမ်းသမား	a htan: dha. ma:
hospedeiro, -a (da carruagem)	အစောင့်	asaun.
passageiro (m)	ခရီးသည်	khaji: de
revisor (m)	လက်မှတ်တိစစ်ဆေးသူ	le' hma' ti' hsei: dhu:
corredor (m)	ကော်ရစ်တာ	ko ji' ta
freio (m) de emergência	အရေးပေါ်ဘရိတ်	ajei: po' ba ji'
compartimento (m)	အခန်း	akhan:
cama (f)	အိပ်စင်	ei' zin
cama (f) de cima	အပေါ်ထပ်အိပ်စင်	apo htap ei' sin
cama (f) de baixo	အောက်ထပ်အိပ်စင်	au' hta' ei' sin
roupa (f) de cama	အိပ်ရာခင်း	ei' ja khin:
bilhete (m)	လက်မှတ်	le' hma'
horário (m)	အချိန်ဇယား	achein zaja:
painel (m) de informação	အချက်အလက်ပြနေရာ	ache' ale' pja. nei ja
partir (vt)	ထွက်ခွါသည်	htwe' khwa de
partida (f)	အထွက်	a htwe'
chegar (vi)	ဆိုက်ရောက်သည်	hseu' jau' de
chegada (f)	ဆိုက်ရောက်ရာ	hseu' jau' ja
chegar de comboio	မီးရထားဖြင့်ရောက်ရှိသည်	mi: ja. da: bjin. jau' shi. de
apanhar o comboio	မီးရထားစီးသည်	mi: ja. da: zi: de
sair do comboio	မီးရထားမှဆင်းသည်	mi: ja. da: hma. zin: de
acidente (m) ferroviário	ရထားတိုက်ခြင်း	jatha: dai' chin:
descarrilar (vi)	ရထားလမ်းချော်သည်	jatha: lan: gjo de
locomotiva (f) a vapor	ရေနွေးငွေ့စက်ခေါင်း	jei nwei: ngwei. ze' khaun:
fogueiro (m)	မီးထိုးသမား	mi: dou: dhama:
fornalha (f)	မီးဖို	mi: bou
carvão (m)	ကျောက်မီးသွေး	kjau' mi dhwei:

107. Barco

navio (m)	သင်္ဘော	thin: bo:
embarcação (f)	ရေယာဉ်	jei jan

vapor (m)	မီးသင်္ဘော	mi: dha. bo:
navio (m)	အပျော်စီးမော်တော်ဘုတ်ငယ်	apjo zi: mo do bou' nge
transatlântico (m)	ပင်လယ်အပျော်စီးသင်္ဘော	pin le apjo zi: dhin: bo:
cruzador (m)	လေယာဉ်တင်သင်္ဘော	lei jan din

iate (m)	အပျော်စီးရွက်လှေ	apjo zi: jwe' hlei
rebocador (m)	ဆွဲသင်္ဘော	hswe: thin: bo:
barcaça (f)	ဖောင်	hpaun
ferry (m)	ကူးတို့သင်္ဘော	gadou. thin: bo:

veleiro (m)	ရွက်သင်္ဘော	jwe' thin: bo:
bergantim (m)	ရွက်လှေ	jwe' hlei

quebra-gelo (m)	ရေခဲပြင်ခွဲသင်္ဘော	jei ge: bjin gwe: dhin: bo:
submarino (m)	ရေငုပ်သင်္ဘော	jei ngou' thin: bo:

bote, barco (m)	လှေ	hlei
bote, dingue (m)	ရော်ဘာလှေ	jo ba hlei
bote (m) salva-vidas	အသက်ကယ်လှေ	athe' kai hlei
lancha (f)	မော်တော်ဘုတ်	mo to bou'

capitão (m)	ရေယာဉ်မှူး	jei jan hmu:
marinheiro (m)	သင်္ဘောသား	thin: bo: dha:
marujo (m)	သင်္ဘောသား	thin: bo: dha:
tripulação (f)	သင်္ဘောအမှုထမ်းအဖွဲ့	thin: bo: ahmu. htan: ahpwe.

contramestre (m)	ရေတပ်အရာရှိငယ်	jei da' aja shi. nge
grumete (m)	သင်္ဘောသားကလေး	thin: bo: dha: galei:
cozinheiro (m) de bordo	ထမင်းချက်	htamin: gje'
médico (m) de bordo	သင်္ဘောဆရာဝန်	thin: bo: zaja wun

convés (m)	သင်္ဘောကုန်းပတ်	thin: bo: koun: ba'
mastro (m)	ရွက်တိုင်	jwe' tai'
vela (f)	ရွက်	jwe'

porão (m)	ဝမ်းတွင်း	wan: twin:
proa (f)	ဦးစွန်း	u: zun:
popa (f)	ပိုင်း	pe. bain:
remo (m)	လှော်တက်	hlo de'
hélice (f)	သင်္ဘောပန်ကာ	thin: bo: ban ga

camarote (m)	သင်္ဘောပေါ်မှအခန်း	thin: bo: bo hma. aksan:
sala (f) dos oficiais	အရာရှိများရှိဝ်သာ	aja shi. mja: jin dha
sala (f) das máquinas	စက်ခန်း	se' khan:
ponte (m) de comando	ကွပ်ကဲခန်း	ku' ke: khan:
sala (f) de comunicações	ရေဒီယိုခန်း	rei di jou gan:
onda (f) de rádio	လှိုင်း	hlain:
diário (m) de bordo	မှတ်တမ်းစာအုပ်	hma' tan: za ou'
luneta (f)	အဝေးကြည့်မှန်ပြောင်း	awei: gji. hman bjaun:
sino (m)	ခေါင်းလောင်း	gaun: laun:

Português	Birmanês	Pronúncia
bandeira (f)	အလံ	alan
cabo (m)	သင်္ဘောသုံးလွန်ကြိုး	thin: bo: dhaun: lun gjou:
nó (m)	ကြိုးထုံး	kjou: htoun:
corrimão (m)	လက်ရန်း	le' jan
prancha (f) de embarque	သင်္ဘောကုန်းပေါင်	thin: bo: koun: baun
âncora (f)	ကျောက်ဆူး	kjau' hsu:
recolher a âncora	ကျောက်ဆူးနှုတ်သည်	kjau' hsu: nou' te
lançar a âncora	ကျောက်ချသည်	kjau' cha. de
amarra (f)	ကျောက်ဆူးကြိုး	kjau' hsu: kjou:
porto (m)	ဆိပ်ကမ်း	hsi' kan:
cais, amarradouro (m)	သင်္ဘောဆိပ်	thin: bo: zei'
atracar (vi)	ဆိုက်ကပ်သည်	hseu' ka' de
desatracar (vi)	စွန့်ပစ်သည်	sun. bi' de
viagem (f)	ခရီးထွက်ခြင်း	khaji: htwe' chin:
cruzeiro (m)	အပျော်ခရီး	apjo gaji:
rumo (m), rota (f)	ဦးတည်ရာ	u: ti ja
itinerário (m)	လမ်းကြောင်း	lan: gjaun:
canal (m) navegável	သင်္ဘောရေကြောင်း	thin: bo: jei gjaun:
banco (m) de areia	ရေတိမ်ပိုင်း	jei dein bain:
encalhar (vt)	ကမ်းကပ်သည်	kan ka' te
tempestade (f)	မုန်တိုင်း	moun dain:
sinal (m)	အချက်ပြ	ache' pja.
afundar-se (vr)	နစ်မြုပ်သည်	ni' mjou' te
Homem ao mar!	လူရေထဲကျ	lu jei de: gja
SOS	အကယ်အကယ်	e's o e's
boia (f) salva-vidas	အသက်ကယ်ဘော	athe' kai bo

108. Aeroporto

Português	Birmanês	Pronúncia
aeroporto (m)	လေဆိပ်	lei zi'
avião (m)	လေယာဉ်	lei jan
companhia (f) aérea	လေကြောင်း	lei gjaun:
controlador (m) de tráfego aéreo	လေကြောင်းထိန်း	lei kjaun: din:
partida (f)	ထွက်ခွာရာ	htwe' khwa ja
chegada (f)	ဆိုက်ရောက်ရာ	hseu' jau' ja
chegar (~ de avião)	ဆိုက်ရောက်သည်	hsai' jau' te
hora (f) de partida	ထွက်ခွာချိန်	htwe' khwa gjein
hora (f) de chegada	ဆိုက်ရောက်ချိန်	hseu' jau' chein
estar atrasado	နောက်ကျသည်	nau' kja. de
atraso (m) de voo	လေယာဉ်နောက်ကျခြင်း	lei jan nau' kja. chin:
painel (m) de informação	လေယာဉ်ခရီးစဉ်ပြဘုတ်	lei jan ga. ji: zi bja. bou'
informação (f)	သတင်းအချက်အလက်	dhadin: akje' ale'
anunciar (vt)	ကြေငြာသည်	kjei nja de

voo (m)	ပျံသန်းမှု	pjan dan: hmu.
alfândega (f)	အကောက်ဆိပ်	akau' hsein
funcionário (m) da alfândega	အကောက်ခွန်အရာရှိ	akau' khun aja shi.
declaração (f) alfandegária	အကောက်ခွန်ကြေငြာချက်	akau' khun gjei nja gje'
preencher (vt)	လျှောက်လွှာဖြည့်သည်	shau' hlwa bji. de
preencher a declaração	သယ်ယူပစ္စည်းစာရင်း ကြေညာသည်	the ju pji' si: zajin: kjei nja de
controlo (m) de passaportes	ပတ်စ်ပို့ထိန်းချုပ်မှု	pa's pou. htein: gju' hmu.
bagagem (f)	ဝန်စည်စလည်	wun zi za. li
bagagem (f) de mão	လက်ဆွဲပစ္စည်း	le' swe: pji' si:
carrinho (m)	ပစ္စည်းတင်သည့်လှည်း	pji' si: din dhe. hle:
aterragem (f)	ဆင်းသက်ခြင်း	hsin: dha' chin:
pista (f) de aterragem	အဆင်းလမ်း	ahsin: lan:
aterrar (vi)	ဆင်းသက်သည်	hsin: dha' te
escada (f) de avião	လေယာဉ်လှေကား	lei jan hlei ka:
check-in (m)	စာရင်းသွင်းခြင်း	sajin: dhwin: gjin:
balcão (m) do check-in	စာရင်းသွင်းကောင်တာ	sajin: gaun da
fazer o check-in	စာရင်းသွင်းသည်	sajin: dhwin: de
cartão (m) de embarque	လေယာဉ်ပေါ်တက်ခွင့်လက်မှတ်	lei jan bo de' khwin. le' hma'
porta (f) de embarque	လေယာဉ်ထွက်ခွာရာဂိတ်	lei jan dwe' khwa ja gei'
trânsito (m)	အကူးအပြောင်း	aku: apjaun:
esperar (vi, vt)	စောင့်သည်	saun. de
sala (f) de espera	ထွက်ခွာရာခန်းမ	htwe' kha ja gan: ma.
despedir-se de ...	လိုက်ပို့သည်	lai' bou. de
despedir-se (vr)	နှုတ်ဆက်သည်	hnou' hsei' te

Eventos

109. Férias. Evento

festa (f)	ပျော်ပွဲရှင်ပွဲ	pjo bwe: shin bwe:
festa (f) nacional	အမျိုးသားနေ့	amjou: dha: nei.
feriado (m)	ပွဲတော်ရက်	pwe: do je'
festejar (vt)	အထိမ်းအမှတ်အဖြစ်ကျင်း ပသည်	a htin: ahma' ahpja' kjin: ba. de
evento (festa, etc.)	အဖြစ်အပျက်	a hpji' apje'
evento (banquete, etc.)	အစီအစဉ်	asi asin
banquete (m)	ဂုဏ်ပြုစားပွဲ	goun bju za: bwe:
receção (f)	ဧည့်ကြိုနေရာ	e. gjou nei ja
festim (m)	စားသောက်ဧည့်ခံပွဲ	sa: thau' e. gan bwe:
aniversário (m)	နှစ်ပတ်လည်	hni' ba' le
jubileu (m)	ရတု	jadu.
celebrar (vt)	ကျင်းပသည်	kjin: ba. de
Ano (m) Novo	နှစ်သစ်ကူး	hni' thi' ku:
Feliz Ano Novo!	ပျော်ရွှင်ဖွယ်နှစ်သစ်ကူး ဖြစ်ပါစေ	pjo shin bwe: hni' ku: hpji' ba zei
Pai (m) Natal	ခရစ္စမတ်ဘိုးဘိုး	khari' sa. ma' bou: bou:
Natal (m)	ခရစ္စမတ်ပွဲတော်	khari' sa. ma' pwe: do
Feliz Natal!	မယ်ရီခရစ္စမတ်	me ji kha. ji' sa. ma'
árvore (f) de Natal	ခရစ္စမတ်သစ်ပင်	khari' sa. ma' thi' pin
fogo (m) de artifício	မီးရှူးမီးပန်း	mi: shu: mi: ban:
boda (f)	မင်္ဂလာဆောင်ပွဲ	min ga. la zaun bwe:
noivo (m)	သတို့သား	dhadou. tha:
noiva (f)	သတို့သမီး	dhadou. thami:
convidar (vt)	ဖိတ်သည်	hpi' de
convite (m)	ဖိတ်စာကဒ်	hpi' sa ka'
convidado (m)	ဧည့်သည်	e. dhe
visitar (vt)	အိမ်လည်သွားသည်	ein le dhwa: de
receber os hóspedes	ဧည့်သည်ကြိုဆိုသည်	e. dhe gjou zou de
presente (m)	လက်ဆောင်	le' hsaun
oferecer (vt)	ပေးသည်	pei: de
receber presentes	လက်ဆောင်ရသည်	le' hsaun ja. de
ramo (m) de flores	ပန်းစည်း	pan: ze:
felicitações (f pl)	ဂုဏ်ပြုခြင်း	goun bju chin:
felicitar (dar os parabéns)	ဂုဏ်ပြုသည်	goun bju de
cartão (m) de parabéns	ဂုဏ်ပြုကဒ်	goun bju ka'
enviar um postal	ပို့စကဒ်ပေးသည်	pou. s ka' pei: de

receber um postal	ပို့စ်ကဒ်လက်ခံရရှိသည်	pou. s ka' le' khan ja. shi. de
brinde (m)	လှုဒေါင်းပုဏ်ပြုခြင်း	hsu. daun: goun pju. gjin:
oferecer (vt)	ကျေးဇူးသည်	kjwei: de
champanhe (m)	ရှန်ပိန်	shan pein

divertir-se (vr)	ပျော်ရွှင်သည်	pjo shwin de
diversão (f)	ပျော်ရွှင်မှု	pjo shwin hmu
alegria (f)	ပျော်ရွှင်ခြင်း	pjo shwin gjin:

dança (f)	အက	aka.
dançar (vi)	ကသည်	ka de

valsa (f)	ဝေါ့လ်အက	wo. z aka.
tango (m)	တန်ဂိုအက	tan gou aka.

110. Funerais. Enterro

cemitério (m)	သင်္ချိုင်း	thin gjain:
sepultura (f), túmulo (m)	အုတ်ဂူ	ou' gu
cruz (f)	လက်ဝါးကပ်တိုင်အမှတ်အသား	le' wa: ka' tain ahma' atha:
lápide (f)	အုတ်ဂူကျောက်တုံး	ou' gu kjau' toun.
cerca (f)	ခြံစည်းရိုး	chan zi: jou:
capela (f)	ဝတ်ပြုဆုတောင်းရာနေရာ	wa' pju. u. daun: ja nei ja

morte (f)	သေခြင်းတရား	thei gjin: daja:
morrer (vi)	ကွယ်လွန်သည်	kwe lun de
defunto (m)	ကွယ်လွန်သူ	kwe lun dhu
luto (m)	ဝမ်းနည်းကြေကွဲခြင်း	wan: ne: gjei gwe gjin:

enterrar, sepultar (vt)	မြေမြှုပ်သင်္ဂြိုဟ်သည်	mjei hmjou' dha. gjoun de
agência (f) funerária	အသုဘရှုရန်နေရာ	athu. ba. shu. jan nei ja
funeral (m)	ဈာပန	za ba. na.

coroa (f) de flores	ပန်းခွေ	pan gwei
caixão (m)	ခေါင်း	gaun:
carro (m) funerário	နိဗ္ဗာန်ယာဉ်	nei' ban jan
mortalha (f)	လူသေဝတ်သည့်အဝတ်စ	lu dhei ba' the. awa' za.

procissão (f) funerária	အသုဘယာဉ်တန်း	athu. ba. in dan:
urna (f) funerária	အရိုးပြာအိုး	ajain: bja ou:
crematório (m)	မီးသင်္ဂြိုဟ်ရုံ	mi: dha. gjoun joun

obituário (m), necrologia (f)	နာရေးသတင်း	na jei: dha. din:
chorar (vi)	ငိုသည်	ngou de
soluçar (vi)	ရှိုက်ငိုသည်	shai' ngou de

111. Guerra. Soldados

pelotão (m)	တပ်စု	ta' su.
companhia (f)	တပ်ခွဲ	ta' khwe:
regimento (m)	တပ်ရင်း	ta' jin:
exército (m)	တပ်မတော်	ta' mado

Português	Birmanês	Transliteração
divisão (f)	တိုင်းအဆင့်	tain: ahsin.
destacamento (m)	အထူးစစ်သားအဖွဲ့ငယ်	a htu: za' tha: ahpwe. nge
hoste (f)	စစ်တပ်ဖွဲ့	si' ta' hpwe.
soldado (m)	စစ်သား	si' tha:
oficial (m)	အရာရှိ	aja shi.
soldado (m) raso	တပ်သား	ta' tha:
sargento (m)	တပ်ကြပ်ကြီး	ta' kja' kji:
tenente (m)	ဗိုလ်	bou
capitão (m)	ဗိုလ်ကြီး	bou gji
major (m)	ဗိုလ်မှူး	bou hmu:
coronel (m)	ဗိုလ်မှူးကြီး	bou hmu: gji:
general (m)	ဗိုလ်ချုပ်	bou gjou'
marujo (m)	ရေတပ်သား	jei da' tha:
capitão (m)	ဗိုလ်ကြီး	bou gji
contramestre (m)	သင်္ဘောအရာရှိငယ်	thin: bo: aja shi. nge
artilheiro (m)	အမြောက်တပ်သား	amjau' thin de.
soldado (m) paraquedista	လေထီးရန်စစ်သား	lei di: goun zi' tha:
piloto (m)	လေယာဉ်မှူး	lei jan hmu:
navegador (m)	လေကြောင်းပြ	lei gjaun: bja.
mecânico (m)	စက်ပြင်ဆရာ	se' pjin zaja
sapador (m)	မိုင်းရှင်းသူ	main: shin: dhu
paraquedista (m)	လေထီးရန်သူ	lei di: goun dhu
explorador (m)	ကင်းထောက်	kin: dau'
franco-atirador (m)	လက်ဖြောင့်စစ်သား	le' hpaun. zi' tha:
patrulha (f)	လှည့်ကင်း	hle. kin:
patrulhar (vt)	ကင်းလှည့်သည်	kin: hle. de
sentinela (f)	ကင်းသမား	kin: dhama:
guerreiro (m)	စစ်သည်	si' te
patriota (m)	မျိုးချစ်သူ	mjou: gji dhu
herói (m)	သူရဲကောင်း	thu je: kaun:
heroína (f)	အမျိုးသမီးလူ စွမ်းကောင်း	amjou: dhami: lu swan: gaun:
traidor (m)	သစ္စာဖောက်	thi' sabau'
trair (vt)	သစ္စာဖောက်သည်	thi' sabau' te
desertor (m)	စစ်ပြေး	si' pjei:
desertar (vt)	စစ်တပ်မှထွက်ပြေးသည်	si' ta' hma. dwe' pjei: de
mercenário (m)	ကြေးစားစစ်သား	kjei: za za' tha:
recruta (m)	တပ်သားသစ်	ta' tha: dhi'
voluntário (m)	မိမိဆန္ဒ အရစစ်ထဲဝင်သူ	mi. mi. i zan da. aja. zi' hte: win dhu
morto (m)	တိုက်ပွဲကျသူ	tai' pwe: gja dhu
ferido (m)	ဒဏ်ရာရသူ	dan ja ja. dhu
prisioneiro (m) de guerra	စစ်သုံ့ပန်း	si' thoun. ban:

112. Guerra. Ações militares. Parte 1

guerra (f)	စစ်ပွဲ	si' pwe:
guerrear (vt)	စစ်ပွဲပါဝင်ဆင်နွှဲသည်	si' pwe: ba win zin hnwe: de
guerra (f) civil	ပြည်တွင်းစစ်	pji dwin: zi'

perfidamente	သစ္စာဖောက်သွေဖီလျက်	thi' sabau' thwei bi le'
declaração (f) de guerra	စစ်ကြေညာခြင်း	si' kjei nja gjin:
declarar (vt) guerra	ကြေညာသည်	kjei nja de
agressão (f)	ကျူးကျော်ရန်စမှု	kju: gjo jan za. hmu.
atacar (vt)	တိုက်ခိုက်သည်	tai' khai' te

invadir (vt)	ကျူးကျော်ဝင်ရောက်သည်	kju: gjo win jau' te
invasor (m)	ကျူးကျော်ဝင်ရောက်သူ	kju: gjo win jau' thu
conquistador (m)	အောင်နိုင်သူ	aun nain dhu

defesa (f)	ကာကွယ်ရေး	ka gwe ei:
defender (vt)	ကာကွယ်သည်	ka gwe de
defender-se (vr)	ခုခံကာကွယ်သည်	khu. gan ga gwe de

inimigo (m)	ရန်သူ	jan dhu
adversário (m)	ပြိုင်ဘက်	pjain be'
inimigo	ရန်သူ	jan dhu

estratégia (f)	မဟာဗျူဟာ	maha bju ha
tática (f)	ဗျူဟာ	bju ha

ordem (f)	အမိန့်	amin.
comando (m)	အမိန့်	amin.
ordenar (vt)	အမိန့်ပေးသည်	amin. bei: de
missão (f)	ရည်မှန်းချက်	ji hman: gje'
secreto	လျှို့ဝှက်သော	shou. hwe' te.

batalha (f)	တိုက်ပွဲငယ်	tai' pwe: nge
combate (m)	တိုက်ပွဲ	tai' pwe:

ataque (m)	တိုက်စစ်	tai' si'
assalto (m)	တဟုန်ထိုးတိုက်ခိုက်ခြင်း	tahoun
assaltar (vt)	တရကြမ်းတိုက်ခိုက်သည်	tara gjan: dai' khai' te
assédio, sítio (m)	ဝန်းရံလုပ်ကြံခြင်း	wun: jan lou' chan gjin:

ofensiva (f)	ထိုးစစ်	htou: zi'
passar à ofensiva	ထိုးစစ်ဆင်နွှဲသည်	htou: zi' hsin hnwe: de

retirada (f)	ဆုတ်ခွာခြင်း	hsou' khwa gjin
retirar-se (vr)	ဆုတ်ခွာသည်	hsou' khwa de

cerco (m)	ဝန်းရံပိတ်ဆို့ထားခြင်း	wun: jan bei' zou. da: chin:
cercar (vt)	ဝန်းရံပိတ်ဆို့ထားသည်	wun: jan bei' zou. da: de

bombardeio (m)	ဗုံးကြဲခြင်း	boun: gje: gja. gjin:
lançar uma bomba	ဗုံးကြဲသည်	boun: gje: gja. de
bombardear (vt)	ဗုံးကြဲတိုက်ခိုက်သည်	boun: gje: dai' khai' te
explosão (f)	ပေါက်ကွဲမှု	pau' kwe: hmu.
tiro (m)	ပစ်ချက်	pi' che'

Português	Birmanês	Pronúncia
disparar um tiro	ပစ်သည်	pi' te
tiroteio (m)	ပစ်ခတ်ခြင်း	pi' che' chin:
apontar para ...	ပစ်မှတ်ချိန်သည်	pi' hma' chein de
apontar (vt)	ချိန်ရွယ်သည်	chein jwe de
acertar (vt)	ပစ်မှတ်ထိသည်	pi' hma' hti. de
afundar (um navio)	နစ်မြုပ်သည်	ni' mjou' te
brecha (f)	အပေါက်	apau'
afundar-se (vr)	နစ်မြုပ်သည်	hni' hmjou' te
frente (m)	ရှေ့တန်း	shei. dan:
evacuação (f)	စစ်ဘေးရှောင်ခြင်း	si' bei: shaun gjin:
evacuar (vt)	စစ်ဘေးရှောင်သည်	si' bei: shaun de
trincheira (f)	ကတုတ်ကျင်း	gadou kjin:
arame (m) farpado	သံဆူးကြိုး	than zu: gjou:
obstáculo (m) anticarro	အတားအဆီး	ata: ahsi:
torre (f) de vigia	မျှော်စင်	hmjo zin
hospital (m)	ရှေ့တန်းစစ်ဆေးရုံ	shei. dan: zi' zei: joun
ferir (vt)	ဒဏ်ရာရသည်	dan ja ja. de
ferida (f)	ဒဏ်ရာ	dan ja
ferido (m)	ဒဏ်ရာရသူ	dan ja ja. dhu
ficar ferido	ဒဏ်ရာရစေသည်	dan ja ja. zei de
grave (ferida ~)	ပြင်းထန်သော	pjin: dan dho:

113. Guerra. Ações militares. Parte 2

Português	Birmanês	Pronúncia
cativeiro (m)	သုံ့ပန်း	thoun. ban:
capturar (vt)	သုံ့ပန်းအဖြစ်ဖမ်းသည်	thoun. ban: ahpji' hpan: de
estar em cativeiro	သုံ့ပန်းဖြစ်သွားသည်	thoun. ban: bji' thwa: de
ser aprisionado	သုံ့ပန်းအဖြစ် အဖမ်းခံရသည်	thoun. ban: ahpji' ahpan: gan ja. de
campo (m) de concentração	ညှဉ်းပန်းနှိပ်စက်ရာစခန်း	hnjin: ban: nei' ze' ja za. gan:
prisioneiro (m) de guerra	စစ်သုံ့ပန်း	si' thoun. ban:
escapar (vi)	လွတ်မြောက်သည်	lu' mjau' te
trair (vt)	သစ္စာဖောက်သည်	thi' sabau' te
traidor (m)	သစ္စာဖောက်သူ	thi' sabau' thu
traição (f)	သစ္စာဖောက်မှု	thi' sabau' hmu.
fuzilar, executar (vt)	ပစ်သတ်ကွပ်မျက်ခံရသည်	pi' tha' ku' mje' khan ja. de
fuzilamento (m)	ပစ်သတ်ကွပ်မျက်ခြင်း	pi' tha' ku' mje' chin:
equipamento (m)	ပစ္စည်းကိရိယာများ	pji' si: gi. ji. ja mja:
platina (f)	ပုံးဘားတန်	pakhoun: ba: dan:
máscara (f) antigás	ဓာတ်ငွေ့ကာမျက်နှာဖုံး	da' ngwei. ga mje' na boun:
rádio (m)	ရေဒီယိုစက်ကွင်း	rei di jou ze' kwin:
cifra (f), código (m)	လျှို့ဝှက် ကုဒ်သင်္ကေတ	shou. hwe' kou' dha
conspiração (f)	လျှို့ဝှက်ခြင်း	shou hwe' chin:
senha (f)	စကားဝှက်	zaga: hwe'

mina (f)	မြေမြှုပ်မိုင်း	mjei hmja' main:
minar (vt)	မိုင်းထောင်သည်	main: daun de
campo (m) minado	မိုင်းမြေ	main: mjei
alarme (m) aéreo	လေကြောင်းအန္တရာယ်သ တိပေးချက်သံ	lei kjan: an da. ja dha. di. bei: nja. o. dhan
alarme (m)	သတိပေးခေါင်းလောင်းသံ	dhadi. pei: gaun: laun: dhan
sinal (m)	အချက်ပြ	ache' pja.
sinalizador (m)	အချက်ပြမီးကျည်	ache' pja. mi: gji
estado-maior (m)	ဌာနချုပ်	hta. na. gjou'
reconhecimento (m)	ထောက်လှမ်းခြင်း	htau' hlan: gjin:
situação (f)	အခြေအနေ	achei anei
relatório (m)	အစီရင်ခံစာ	asi jin gan za
emboscada (f)	ချုံခိုတိုက်ခိုက်ခြင်း	choun gou dai' khai' chin:
reforço (m)	စစ်ကူ	si' ku
alvo (m)	ပစ်မှတ်	pi' hma'
campo (m) de tiro	လေ့ကျင့်ရေးကွင်း	lei. kjin. jei: gwin:
manobras (f pl)	စစ်ရေးလေ့ကျင့်မှု	si' jei: lei. gjin. hmu.
pânico (m)	ထိပ်ထိပ်ပြာပြာဖြစ်ခြင်း	htei' htei' pja bja bji' chin:
devastação (f)	ကြီးစွာသောအပျက်အစီး	kji: zwa dho apje' asi:
ruínas (f pl)	အပျက်အစီး	apje' asi:
destruir (vt)	ဖျက်ဆီးသည်	hpje' hsi: de
sobreviver (vi)	အသက်ရှင်ကျန်ရစ်သည်	athe' shin kjin ja' te
desarmar (vt)	လက်နက်သိမ်းသည်	le' ne' thain de
manusear (vt)	ကိုင်တွယ်သည်	kain dwe de
Firmes!	သတိ	thadi.
Descansar!	သက်သာ	the' tha
façanha (f)	စွန့်စားမှု	sun. za: hmu.
juramento (m)	ကျမ်းသစ္စာ	kjan: thi' sa
jurar (vi)	ကျမ်းသစ္စာဆိုသည်	kjan: thi' sa hsou de
condecoração (f)	တန်ဆာဆင်မှု	tan za zin hmu.
condecorar (vt)	ဆုတံဆိပ်ချီးမြှင့်သည်	hsu. dazei' chi: hmjin. de
medalha (f)	ဆုတံဆိပ်	hsu. dazei'
ordem (f)	ဘွဲ့တံဆိပ်	bwe. dan zi'
vitória (f)	အောင်ပွဲ	aun bwe:
derrota (f)	အရှုံး	ashoun:
armistício (m)	စစ်ရပ်ဆိုင်းသဘော တူညီမှု	si' ja' hsain: dhabo: du nji hmu.
bandeira (f)	စ	san
glória (f)	ထင်ပေါ်ကျော်ကြားမှု	htin bo gjo gja: hmu.
desfile (m) militar	စစ်ရေးပြ	si' jei: bja.
marchar (vi)	စစ်ရေးပြသည်	si' jei: bja. de

114. Armas

arma (f)	လက်နက်	le' ne'
arma (f) de fogo	မီးပွင့်သေနတ်	mi: bwin. dhei na'

arma (f) branca	ဓါးအမျိုးမျိုး	da: mjou: mjou:
arma (f) química	ဓာတုလက်နက်	da tu. le' ne'
nuclear	နျူကလီးယား	nju ka. li: ja:
arma (f) nuclear	နျူကလီးယားလက်နက်	nju ka. li: ja: le' ne'
bomba (f)	ဗုံး	boun:
bomba (f) atómica	အက်တမ်ဗုံး	e' tan boun:
pistola (f)	ပစ္စတို	pji' sa. tou
caçadeira (f)	ရိုင်ဖယ်	jain be
pistola-metralhadora (f)	မောင်းပြန်သေနတ်	maun: bjan dhei na'
metralhadora (f)	စက်သေနတ်	se' thei na'
boca (f)	ပြောင်းဝ	pjaun: wa.
cano (m)	ပြောင်း	pjaun:
calibre (m)	သေနတ်ပြောင်းအချင်း	thei na' pjan: achin:
gatilho (m)	ခလုတ်	khalou'
mira (f)	ချိန်ရွယ်	chein kwe'
carregador (m)	ကျည်ကပ်	kji ke'
coronha (f)	သေနတ်ဒင်	thei na' din
granada (f) de mão	လက်ပစ်ဗုံး	le' pi' boun:
explosivo (m)	ပေါက်ကွဲစေသောပစ္စည်း	pau' kwe: zei de. bji' si:
bala (f)	ကျည်ဆံ	kji. zan
cartucho (m)	ကျည်ဆံ	kji. zan
carga (f)	ကျည်ထိုးခြင်း	kji dou: gjin:
munições (f pl)	ခဲယမ်းမီးကျောက်	khe: jan: mi: kjau'
bombardeiro (m)	ဗုံးကြဲလေယာဉ်	boun: gje: lei jin
avião (m) de caça	တိုက်လေယာဉ်	tai' lei jan
helicóptero (m)	ရဟတ်ယာဉ်	jaha' jan
canhão (m) antiaéreo	လေယာဉ်ပစ်စက်သေနတ်	lei jan pi' ze' dhei na'
tanque (m)	တင့်ကား	tin. ga:
canhão (de um tanque)	တင့်အမြောက်	tin. amjau'
artilharia (f)	အမြောက်	amjau'
canhão (m)	ရှေးခေတ်အမြောက်	shei: gi' amjau'
fazer a pontaria	ချိန်ရွယ်သည်	chein jwe de
obus (m)	အမြောက်ဆံ	amjau' hsan
granada (f) de morteiro	စိန်ပြောင်းကျည်	sein bjaun: gji
morteiro (m)	စိန်ပြောင်း	sein bjaun:
estilhaço (m)	ဗုံးစ	boun: za
submarino (m)	ရေအောက်နှင့်ဆိုင်သော	jei au' hnin. zain de.
torpedo (m)	တော်ပီဒို	to pi dou
míssil (m)	ဒုံး	doun:
carregar (uma arma)	ကျည်ထိုးသည်	kji dou: de
atirar, disparar (vi)	သေနတ်ပစ်သည်	thei na' pi' te
apontar para ...	ချိန်သည်	chein de
baioneta (f)	လှံစွပ်	hlan zu'
espada (f)	ရာဝိယာဓားရှည်	ra pi ja da: shei

sabre (m)	စစ်သုံးဓားရှည်	si' thoun: da shi
lança (f)	လှံ	hlan
arco (m)	လေး	lei:
flecha (f)	မြား	mja:
mosquete (m)	ပြောင်းပြောသေနတ်	pjaun: gjo: dhei na'
besta (f)	ဒူးလေး	du: lei:

115. Povos da antiguidade

primitivo	ရှေးဦးကာလ	shei: u: ga la.
pré-histórico	သမိုင်းမတိုင်မီကာလ	thamain: ma. dain mi ga la.
antigo	ရှေးကျသော	shei: gja. de

Idade (f) da Pedra	ကျောက်ခေတ်	kjau' khi'
Idade (f) do Bronze	ကြေးခေတ်	kjei: gei'
período (m) glacial	ရေခဲခေတ်	jei ge: gei'

tribo (f)	မျိုးနွယ်စု	mjou: nwe zu.
canibal (m)	လူသားစားလူရိုင်း	lu dha: za: lu jain:
caçador (m)	မုဆိုး	mou' hsou:
caçar (vi)	အမဲလိုက်သည်	ame: lai' de
mamute (m)	အမွေးရှည်ဆင်ကြီးတစ်မျိုး	ahmwei shei zin kji: ti' mjou:

caverna (f)	ဂူ	gu
fogo (m)	မီး	mi:
fogueira (f)	မီးပုံ	mi: boun
pintura (f) rupestre	နံရံဆေးရေးပန်းချီ	nan jan zei: jei: ban: gji
ferramenta (f)	ကိရိယာ	ki. ji. ja
lança (f)	လှံ	hlan
machado (m) de pedra	ကျောက်ပုဆိန်	kjau' pu. hsain
guerrear (vt)	စစ်ပွဲတွင်ပါဝင်ဆင်နွှဲသည်	si' pwe: dwin ba win zin hnwe: de
domesticar (vt)	ယဉ်ပါးစေသည်	jin ba: zei de

ídolo (m)	ရုပ်တု	jou' tu
adorar, venerar (vt)	ကိုးကွယ်သည်	kou: kwe de
superstição (f)	အယူသီးခြင်း	aju dhi: gjin:
ritual (m)	ရိုးရာထုံးတမ်းစလေ့	jou: ja doun: dan: da lei.

evolução (f)	ဆင့်ကဲဖြစ်စဉ်	hsin. ke: hpja' sin
desenvolvimento (m)	ဖွံ့ဖြိုးတိုးတက်မှု	hpjun. bjou: dou: de' hmu.
desaparecimento (m)	ပျောက်ကွယ်ခြင်း	pjau' kwe gjin
adaptar-se (vr)	နေသားကျရန်ပြင်ဆင်သည်	nei dha: gja. jan bjin zin de

arqueologia (f)	ရှေးဟောင်းသုတေသန	shei: haun
arqueólogo (m)	ရှေးဟောင်းသုတေသနပညာရှင်	shei: haun thu. dei dha. na. bji nja shin
arqueológico	ရှေးဟောင်းသုတေသနဆိုင်ရာ	shei: haun thu. dei dha. na. zain ja

local (m) das escavações	တူးဖော်ရာနေရာ	tu: hpo ja nei ja
escavações (f pl)	တူးဖော်မှုလုပ်ငန်း	tu: hpo hmu. lou' ngan:
achado (m)	တွေ့ရှိချက်	twei. shi. gje'
fragmento (m)	အပိုင်းအစ	apain: asa.

116. Idade média

povo (m)	လူမျိုး	lu mjou:
povos (m pl)	လူမျိုး	lu mjou:
tribo (f)	မျိုးနွယ်စု	mjou: nwe zu.
tribos (f pl)	မျိုးနွယ်စုများ	mjou: nwe zu. mja:

bárbaros (m pl)	အရိုင်းအစိုင်းများ	ajou: asain: mja:
gauleses (m pl)	ဂေါလ်လူမျိုးများ	go l lu mjou: mja:
godos (m pl)	ဂေါ့တ်လူမျိုးများ	go. t lu mjou: mja:
eslavos (m pl)	စလာဗ်လူမျိုးများ	sala' lu mjou: mja:
víquingues (m pl)	ဗိုက်ကင်းလူမျိုး	bai' kin: lu mjou:

romanos (m pl)	ရောမလူမျိုး	ro: ma. lu mjou:
romano	ရောမနှင့်ဆိုင်သော	ro: ma. hnin. zain de

bizantinos (m pl)	ဘိုင်ဇင်တိုင်လူမျိုးများ	bain zin dain lu mjou: mja:
Bizâncio	ဘိုင်ဇင်တိုင်အင်ပါယာ	bain zin dain in ba ja
bizantino	ဘိုင်ဇင်တိုင်နှင့်ဆိုင်သော	bain zin dain hnin. zain de.

imperador (m)	ဧကရာဇ်	ei gaja'
líder (m)	ခေါင်းဆောင်	gaun: zaun
poderoso	အင်အားကြီးသော	in a: kji: de.
rei (m)	ဘုရင်	ba. jin
governante (m)	အုပ်ချုပ်သူ	ou' chou' thu

cavaleiro (m)	ဆာဘွဲ့ရသူရဲကောင်း	hsa bwe. ja. dhu je gaun:
senhor feudal (m)	မြေရှင်ပဒေသရာဇ်	mjei shin badei dhaja'
feudal	မြေရှင်ပဒေသရာဇ်စနစ်နှင့်ဆိုင်သော	mjei shin badei dhaja' sani' hnin. zain de.
vassalo (m)	မြေကျွန်	mjei gjun

duque (m)	မြို့စားကြီး	mjou. za: gji:
conde (m)	ဗြိတိသျှမှူး	bri ti sha hmu:
	မတ်သူရဲကောင်း	ma' thu je: gaun:
barão (m)	ဘယ်ရွန် အမတ်	be jwan ama'
bispo (m)	ဘုန်းတော်ကြီး	hpoun do: gji:

armadura (f)	ချပ်ဝတ်တန်ဆာ	cha' wu' tan za
escudo (m)	ဒိုင်း	dain:
espada (f)	ဓား	da:
viseira (f)	စစ်မျက်နှာကာ	si' mje' na ga
cota (f) de malha	သံဇကာချပ်ဝတ်တန်ဆာ	than za. ga gja' wu' tan za

cruzada (f)	ခရူးလိတ်ဘာသာရေးစစ်ပွဲ	kha ju: zei' ba dha jei: zi' pwe:
cruzado (m)	ခရူးထိတ်တိုက်ပွဲဝင်သူ	kha ju: zei' dai' bwe: win dhu

território (m)	နယ်မြေ	ne mjei
atacar (vt)	တိုက်ခိုက်သည်	tai' khai' te
conquistar (vt)	သိမ်းပိုက်စိုးမိုးသည်	thain: bou' sou: mou: de
ocupar, invadir (vt)	သိမ်းပိုက်သည်	thain:

assédio, sítio (m)	ဝန်းရံလုပ်ကြံခြင်း	wun: jan lou' chan gjin:
sitiado	ဝန်းရံလုပ်ကြံရသော	wun: jan lou' chan gan ja. de.
assediar, sitiar (vt)	ဝန်းရံလုပ်ကြံသည်	wun: jan lou' chan de

inquisição (f)	ကာသိုလိပ်ဘုရားကျောင်းတရားစီရင်အဖွဲ့	ka tho li' bou ja: gjan: ta. ja: zi jin ahpwe.
inquisidor (m)	စစ်ကြောမေးမြန်းသူ	si' kjo: mei: mjan: dhu
tortura (f)	ညှဉ်းပန်းနှိပ်စက်ခြင်း	hnjin: ban: hnei' se' chin:
cruel	ရက်စက်ကြမ်းကြုတ်သော	je' se' kjan: gjou' te.
herege (m)	ဒိဋ္ဌိ	di hti
heresia (f)	မိစ္ဆာဒိဋ္ဌိ	mei' hsa dei' hti.
navegação (f) marítima	ပင်လယ်ပျော်	pin le bjo
pirata (m)	ပင်လယ်ဓားပြ	pin le da: bja.
pirataria (f)	ပင်လယ်ဓားပြတိုက်ခြင်း	pin le da: bja. tai' chin:
abordagem (f)	လှေလှကန်းပုတ်ပေါ်တိုက်ခိုက်ခြင်း	hlei goun: ba' po dou' hpou' chin:
presa (f), butim (m)	တိုက်ခိုက်ရရှိသောပစ္စည်း	tai' khai' ja. shi. dho: pji' si:
tesouros (m pl)	ရတနာ	jadana
descobrimento (m)	စူးစမ်းရှာဖွေခြင်း	su: zan: sha bwei gjin
descobrir (novas terras)	စူးစမ်းရှာဖွေသည်	su: zan: sha bwei de
expedição (f)	စူးစမ်းလေ့လာရေးခရီး	su: zan: lei. la nei: khaji:
mosqueteiro (m)	ပြောင်းပြောသောနတ်ကိုင်စစ်သား	pjaun: gjo: dhei na' kain si' tha:
cardeal (m)	ရှေ့ဂျင်းခရစ်ယာန်ဘုန်းတော်ကြီး	jei bjan: khaji' jan boun: do gji:
heráldica (f)	မျိုးရိုးဘွဲ့တံဆိပ်များလေ့လာခြင်းပညာ	mjou: jou: bwe. dan zai' mja: lei. la gjin: pi nja
heráldico	မျိုးရိုးပညာလေ့လာခြင်းနှင့်ဆိုင်သော	mjou: pi nja lei. la gjin: hnin. zain de.

117. Líder. Chefe. Autoridades

rei (m)	ဘုရင်	ba jin
rainha (f)	ဘုရင်မ	ba jin ma.
real	ဘုရင်နှင့်ဆိုင်သော	ba. jin hnin. zain de
reino (m)	ဘုရင်အုပ်ချုပ်သောနိုင်ငံ	ba jin au' chou' dho nin gan
príncipe (m)	အိမ်ရှေ့မင်းသား	ein shei. min: dha:
princesa (f)	မင်းသမီး	min: dhami:
presidente (m)	သမ္မတ	thamada.
vice-presidente (m)	ဒုသမ္မတ	du. dhamada.
senador (m)	ဆီနိတ်လွှတ်တော်အမတ်	hsi nei' hlwa' do: ama'
monarca (m)	သက်ဦးဆံပိုင်	the'
governante (m)	အုပ်ချုပ်သူ	ou' chou' thu
ditador (m)	အာဏာရှင်	a na shin
tirano (m)	ဒိန်စိုးချုပ်ချယ်သူ	hpana' chou' che dhu
magnata (m)	လုပ်ငန်းရှင်သူဌေးကြီး	lou' ngan: shin dhu dei: gji:
diretor (m)	ညွှန်ကြားရေးမှူး	hnjun gja: jei: hmu:
chefe (m)	အကြီးအကဲ	akji: ake:
dirigente (m)	မန်နေဂျာ	man nei gji
patrão (m)	အကြီးအကဲ	akji: ake:
dono (m)	ပိုင်ရှင်	pain shin

Português	Birmanês	Pronúncia
líder, chefe (m)	ခေါင်းဆောင်	gaun: zaun
chefe (~ de delegação)	အဖွဲ့ခေါင်းဆောင်	ahpwe. gaun: zaun:
autoridades (f pl)	အာဏာပိုင်အဖွဲ့	a na bain ahpwe.
superiores (m pl)	အထက်လူကြီးများ	a hte' lu gji: mja:

governador (m)	ပြည်နယ်အုပ်ချုပ်ရေးမှူး	pji ne ou' chou' jei: hmu:
cônsul (m)	ကောင်စစ်ဝန်	kaun si' wun
diplomata (m)	သံတမန်	than taman.
Presidente (m) da Câmara	မြို့တော်ဝန်	mjou. do wun
xerife (m)	နယ်မြေတာဝန်ခံ ရဲအရာရှိ	ne mjei da wun gan je: aja shi.

imperador (m)	ဧကရာဇ်	ei gaja'
czar (m)	ဇာဘုရင်	za bou jin
faraó (m)	ရှေးအီဂျစ်နိုင်ငံဘုရင်	shei: i gji' nain ngan bu. jin
cã (m)	ခန်	khan

118. Viloação da lei. Criminosos. Parte 1

bandido (m)	ဓားပြ	damja.
crime (m)	ရာဇဝတ်မှု	raza. wu' hma.
criminoso (m)	ရာဇဝတ်သား	raza. wu' tha:

ladrão (m)	သူခိုး	thu khou:
roubar (vt)	ခိုးသည်	khou: de
furto, roubo (m)	ခိုးမှု	khou: hmu
furto (m)	ခိုးခြင်း	khou: chin:

raptar (ex. ~ uma criança)	ပြန်ပေးဆွဲသည်	pjan bei: zwe: de
rapto (m)	ပြန်ပေးဆွဲခြင်း	pjan bei: zwe: gjin:
raptor (m)	ပြန်ပေးသမား	pjan bei: dhama:

| resgate (m) | ပြန်ရွေးငွေ | pjan jwei: ngwei |
| pedir resgate | ပြန်ပေးဆွဲသည် | pjan bei: zwe: de |

roubar (vt)	ဓားပြတိုက်သည်	damja. tai' te
assalto, roubo (m)	လုယက်မှု	lu. je' hmu.
assaltante (m)	လုယက်သူ	lu. je' dhu

extorquir (vt)	ခြိမ်းခြောက်ပြီးငွေညှစ်သည်	chein: gjau' pji: ngwe hnji' te
extorsionário (m)	ခြိမ်းခြောက်ငွေညှစ်သူ	chein: gjau' ngwe hnji' thu
extorsão (f)	ခြိမ်းခြောက်ပြီး ငွေညှစ်ခြင်း	chein: gjau' pji: ngwe hnji' chin:

matar, assassinar (vt)	သတ်သည်	tha' te
homicídio (m)	လူသတ်မှု	lu dha' hmu.
homicida, assassino (m)	လူသတ်သမား	lu dha' thama:

tiro (m)	ပစ်ချက်	pi' che'
dar um tiro	ပစ်သည်	pi' te
matar a tiro	ပစ်သတ်သည်	pi' tha' te
atirar, disparar (vi)	ပစ်သည်	pi' te
tiroteio (m)	ပစ်ချက်	pi' che'
incidente (m)	ဆူပူမှု	hsu. bu hmu.

briga (~ de rua)	ရန်ပွဲ	jan bwe:
Socorro!	ကူညီပါ	ku nji ba
vítima (f)	ရန်ပြုခံရသူ	jab bju. gan ja. dhu

danificar (vt)	ပျက်ဆီးသည်	hpje' hsi: de
dano (m)	အပျက်အစီး	apje' asi:
cadáver (m)	အလောင်း	alaun:
grave	စိုးရိမ်ဖွယ်ဖြစ်သော	sou: jein bwe bji' te.

atacar (vt)	တိုက်ခိုက်သည်	tai' khai' te
bater (espancar)	ရိုက်သည်	jai' te
espancar (vt)	ရိုက်သည်	jai' te
tirar, roubar (dinheiro)	ယူသည်	ju de
esfaquear (vt)	ထိုးသတ်သည်	htou: dha' te
mutilar (vt)	သေရာပါဒဏ်ရာရစေသည်	thei ja ba dan ja ja. zei de
ferir (vt)	ဒဏ်ရာရသည်	dan ja ja. de

chantagem (f)	ခြိမ်းခြောက်ငွေညှစ်ခြင်း	chein: gjau' ngwe hnji' chin:
chantagear (vt)	ခြိမ်းခြောက်ငွေညှစ်သည်	chein: gjau' ngwe hnji' te
chantagista (m)	ခြိမ်းခြောက်ငွေညှစ်သူ	chein: gjau' ngwe hnji' thu

extorsão	ရာဇဝတ်မှုကျူးလွန်	raza. wu' goun: hse'
(em troca de proteção)	ကြေးကောက်ခြင်း	kjei: gau' chin:
extorsionário (m)	အကာအကွယ်တောင်း-ရာ ဇဝတ်ဂိုဏ်း	hse' kjei: daun: ra za. wu' gain:
gângster (m)	လူဆိုးဂိုဏ်းဝင်	lu zou: gain: win
máfia (f)	မာဖီးယားဂိုဏ်း	ma bi: ja: gain:

carteirista (m)	ခါးပိုက်နှိုက်	kha: bai' hnai'
assaltante, ladrão (m)	ဖောက်ထွင်းသူခိုး	hpau' htwin: dhu gou:
contrabando (m)	မှောင်ခို	hmaun gou
contrabandista (m)	မှောင်ခိုသမား	hmaun gou dhama:

falsificação (f)	လိမ်လည်အတုပြုမှု	lein le atu. bju hmu.
falsificar (vt)	အတုလုပ်သည်	atu. lou' te
falsificado	အတု	atu.

119. Violação da lei. Criminosos. Parte 2

violação (f)	မုဒိမ်းမှု	mu. dein: hmu.
violar (vt)	မုဒိမ်းကျင့်သည်	mu. dein: gjin. de
violador (m)	မုဒိမ်းကျင့်သူ	mu. dein: gjin. dhu
maníaco (m)	အရူး	aju:

prostituta (f)	ပြည့်တန်ဆာ	pjei. dan za
prostituição (f)	ပြည့်တန်ဆာမှု	pjei. dan za hmu.
chulo (m)	ဟာခေါင်း	hpa gaun:

| toxicodependente (m) | ဆေးစွဲသူ | hsei: zwe: dhu |
| traficante (m) | မူးယစ်ဆေးရောင်းဝယ်သူ | mu: ji' hsei: jaun we dhu |

explodir (vt)	ပေါက်ကွဲသည်	pau' kwe: de
explosão (f)	ပေါက်ကွဲမှု	pau' kwe: hmu.
incendiar (vt)	မီးရှို့သည်	mi: shou. de

incendiário (m)	မီးရှို့မှုကျူးလွန်သူ	mi: shou. hmu. gju: lun dhu
terrorismo (m)	အကြမ်းဖက်ဝါဒ	akjan: be' wa da.
terrorista (m)	အကြမ်းဖက်သမား	akjan: be' tha. ma:
refém (m)	ဓားစာခံ	daza gan
enganar (vt)	လိမ်လည်သည်	lein le de
engano (m)	လိမ်လည်မှု	lein le hmu.
vigarista (m)	လူလိမ်	lu lein
subornar (vt)	လာဘ်ထိုးသည်	la' htou: de
suborno (atividade)	လာဘ်ပေးလာဘ်ယူ	la' pei: la' thu
suborno (dinheiro)	လာဘ်	la'
veneno (m)	အဆိပ်	ahsei'
envenenar (vt)	အဆိပ်ခတ်သည်	ahsei' kha' te
envenenar-se (vr)	အဆိပ်သောက်သည်	ahsei' dhau' te
suicídio (m)	မိမိကိုယ်မိမိ သတ်သေခြင်း	mi. mi. kou mi. mi. dha' thei gjin:
suicida (m)	မိမိကိုယ်မိမိ သတ်သေသူ	mi. mi. kou mi. mi. dha' thei dhu
ameaçar (vt)	ခြိမ်းခြောက်သည်	chein: gjau' te
ameaça (f)	ခြိမ်းခြောက်မှု	chein: gjau' hmu.
atentar contra a vida de …	လုပ်ကြံသည်	lou' kjan de
atentado (m)	လုပ်ကြံခြင်း	lou' kjan gjin:
roubar (o carro)	ခိုးသည်	khou: de
desviar (o avião)	လေယာဉ်အပိုင်စီးသည်	lei jan apain zi: de
vingança (f)	လက်စားချေခြင်း	le' sa: gjei gjin:
vingar (vt)	လက်စားချေသည်	le' sa: gjei de
torturar (vt)	ညှဉ်းပန်းနှိပ်စက်သည်	hnjin: ban: hnei' se' te
tortura (f)	ညှဉ်းပန်းနှိပ်စက်ခြင်း	hnjin: ban: hnei' se' chin:
atormentar (vt)	နှိပ်စက်သည်	hnei' se' te
pirata (m)	ပင်လယ်ဓားပြ	pin le da: bja.
desordeiro (m)	လမ်းသရဲ	lan: dhaje:
armado	လက်နက်ကိုင်ဆောင်သော	le' ne' kain zaun de.
violência (f)	ရက်စက်ကြမ်းကြုတ်မှု	je' se' kjan: gjou' hmu.
ilegal	တရားမဝင်သော	taja: ma. win de.
espionagem (f)	သူလျှိုလုပ်ခြင်း	thu shou lou' chin:
espionar (vi)	သူလျှိုလုပ်သည်	thu shou lou' te

120. Polícia. Lei. Parte 1

justiça (f)	တရားမျှတမှု	taja: hmja. ta. hmu.
tribunal (m)	တရားရုံး	taja: joun:
juiz (m)	တရားသူကြီး	taja: dhu gji:
jurados (m pl)	ဂျူရီအဖွဲ့ဝင်များ	gju ji ahpwe. win mja:
tribunal (m) do júri	ဂျူရီလူကြီးအဖွဲ့	gju ji lu gji: ahpwe.

julgar (vt)	တရားစီရင်သည်	taja: zi jin de
advogado (m)	ရှေ့နေ	shei. nei
réu (m)	တရားပြိုင်	taja: bjain
banco (m) dos réus	တရားရုံးဝက်ခြို	taja: joun: we' khjan
acusação (f)	စွပ်စွဲခြင်း	su' swe: chin:
acusado (m)	တရားစွဲခံရသော	taja: zwe: gan ja. de.
sentença (f)	စီရင်ချက်	si jin gje'
sentenciar (vt)	စီရင်ချက်ချသည်	si jin gje' cha. de
culpado (m)	တရားခံ	tajakhan
punir (vt)	ပြစ်ဒက်ပေးသည်	pji' dan bei: de
punição (f)	ပြစ်ဒက်	pji' dan
multa (f)	ဒက်ငွေ	dan ngwei
prisão (f) perpétua	တစ်သက်တစ်ကျွန်းပြစ်ဒက်	ti' te' ti' kjun: bji' dan
pena (f) de morte	သေဒက်	thei dan
cadeira (f) elétrica	လျပ်စစ်ထိုင်ခုံ	hlja' si' dain boun
forca (f)	ကြိုးစင်	kjou: zin
executar (vt)	ကွပ်မျက်သည်	ku' mje' te
execução (f)	ကွပ်မျက်ခြင်း	ku' mje' gjin
prisão (f)	ထောင်	htaun
cela (f) de prisão	အကျဉ်းခန်း	achou' khan:
escolta (f)	အစောင့်အကြပ်	asaun. akja'
guarda (m) prisional	ထောင်စောင့်	htaun zaun.
preso (m)	ထောင်သား	htaun dha:
algemas (f pl)	လက်ထိပ်	le' htei'
algemar (vt)	လက်ထိပ်ခတ်သည်	le' htei' kha' te
fuga, evasão (f)	ထောင်ဖောက်ပြေးခြင်း	htaun bau' pjei: gjin:
fugir (vi)	ထောင်ဖောက်ပြေးသည်	htaun bau' pjei: de
desaparecer (vi)	ပျောက်ကွယ်သည်	pjau' kwe de
soltar, libertar (vt)	ထောင်မှလွှတ်သည်	htaun hma. lu' te
amnistia (f)	လွတ်ငြိမ်းချမ်းသာခွင့်	lu' njein: gjan: dha gwin.
polícia (instituição)	ရဲ	je:
polícia (m)	ရဲအရာရှိ	je: aja shi.
esquadra (f) de polícia	ရဲစခန်း	je: za. gan:
cassetete (m)	သံတုတ်	than dou'
megafone (m)	လက်ကိုင်စပီကာ	le' kain za. bi ka
carro (m) de patrulha	ကင်းလှည့်ကား	kin: hle. ka:
sirene (f)	အချက်ပေးညှံသံ	ache' pei: ou' o: dhan
ligar a sirene	အချက်ပေးညှံဆွဲသည်	ache' pei: ou' o: zwe: de
toque (m) da sirene	အချက်ပေးညှံဆွဲသံ	ache' pei: ou' o: zwe: dhan
cena (f) do crime	အခင်းဖြစ်ပွားရာနေရာ	achin: hpji' pwa: ja nei ja
testemunha (f)	သက်သေ	the' thei
liberdade (f)	လွတ်လပ်မှု	lu' la' hmu.
cúmplice (m)	ကြံရာပါ	kjan ja ba
escapar (vi)	ပုန်းသည်	poun: de
traço (não deixar ~s)	ခြေရာ	chei ja

121. Polícia. Lei. Parte 2

procura (f)	ဝရမ်းရှာဖွေခြင်း	wajan: sha bwei gjin:
procurar (vt)	ရှာသည်	sha de
suspeita (f)	မသင်္ကာမှု	ma, dhin ga hmu,
suspeito	သံသယဖြစ်ဖွယ်ကောင်းသော	than thaja. bji' hpwe gaun: de.
parar (vt)	ရပ်သည်	ja' te
deter (vt)	ထိန်းသိမ်းထားသည်	htein: dhein: da: de
caso (criminal)	အမှု	ahmu.
investigação (f)	စုံစမ်းစစ်ဆေးခြင်း	soun zan: zi' hsei: gjin:
detetive (m)	စုံထောက်	soun dau'
investigador (m)	အလွတ်စုံထောက်	alu' zoun htau'
versão (f)	အဆိုကြား	ahsou gjan:
motivo (m)	ရည်ဆော်မှု	sei. zo hmu.
interrogatório (m)	စစ်ကြောမှု	si' kjo: hmu.
interrogar (vt)	စစ်ကြောသည်	si' kjo: de
questionar (vt)	မေးမြန်းသည်	mei: mjan: de
verificação (f)	စစ်ဆေးသည်	si' hsei: de
batida (f) policial	ဝိုင်းဝန်းမှု	wain: wan: hmu.
busca (f)	ရှာဖွေခြင်း	sha hpwei gjin:
perseguição (f)	လိုက်လံဖမ်းဆီးခြင်း	lai' lan ban: zi: gjin:
perseguir (vt)	လိုက်သည်	lai' de
seguir (vt)	ခြေရာခံသည်	chei ja gan de
prisão (f)	ဖမ်းဆီးခြင်း	hpan: zi: gjin:
prender (vt)	ဖမ်းဆီးသည်	hpan: zi: de
pegar, capturar (vt)	ဖမ်းမိသည်	hpan: mi. de
captura (f)	သိမ်းခြင်း	thain: gjin:
documento (m)	စာရွက်စာတမ်း	sajwe' zatan:
prova (f)	သက်သေပြချက်	the' thei pja. gje'
provar (vt)	သက်သေပြသည်	the' thei pja. de
pegada (f)	ခြေရာ	chei ja
impressões (f pl) digitais	လက်ဖွေရာများ	lei' bwei ja mja:
prova (f)	သဲလွန်စ	the: lun za.
álibi (m)	ဆင်ခြေ	hsin gjei
inocente	အပြစ်ကင်းသော	apja' kin: de.
injustiça (f)	မတရားမှု	ma. daja: hmu.
injusto	မတရားသော	ma. daja: de.
criminal	ပြုမူကျူးလွန်သော	pju. hmu. gju: lun de.
confiscar (vt)	သိမ်းယူသည်	thein: ju de
droga (f)	မူးယစ်ဆေးဝါး	mu: ji' hsei: wa:
arma (f)	လက်နက်	le' ne'
desarmar (vt)	လက်နက်သိမ်းသည်	le' ne' thain de
ordenar (vt)	အမိန့်ပေးသည်	amin. bei: de
desaparecer (vi)	ပျောက်ကွယ်သည်	pjau' kwe de
lei (f)	ဥပဒေ	u. ba. dei
legal	ဥပဒေနှင့် ညီညွတ်သော	u. ba. dei hnin. nji nju' te.

ilegal	ဥပဒေနှင့်မညီညွတ်သော	u. ba. dei hnin. ma. nji nju' te.
responsabilidade (f)	တာဝန်ယူခြင်း	ta wun ju gjin:
responsável	တာဝန်ရှိသော	ta wun shi. de.

NATUREZA

A Terra. Parte 1

122. Espaço sideral

cosmos (m)	အာကာသ	akatha.
cósmico	အာကာသနှင့်ဆိုင်သော	akatha. hnin zain dho:
espaço (m) cósmico	အာကာသဟာင်းလင်းပြင်	akatha. hin: lin: bjin
mundo (m)	ကမ္ဘာ	ga ba
universo (m)	စကြာဝဠာ	sa kja wa. la
galáxia (f)	ကြယ်စုတန်း	kje zu. dan:
estrela (f)	ကြယ်	kje
constelação (f)	ကြယ်နက္ခတ်စု	kje ne' kha' zu.
planeta (m)	ဂြိုဟ်	gjou
satélite (m)	ဂြိုဟ်ငယ်	gjou nge
meteorito (m)	ဥက္కာခဲ	ou' ka ge:
cometa (m)	ကြယ်တံခွန်	kje dagun
asteroide (m)	ဂြိုဟ်သိမ်ဂြိုဟ်မွှာ	gjou dhein gjou hmwa:
órbita (f)	ပတ်လမ်း	pa' lan:
girar (vi)	လည်သည်	le de
atmosfera (f)	လေထု	lei du.
Sol (m)	နေ	nei
Sistema (m) Solar	နေစကြာဝဠာ	nei ze kja. wala
eclipse (m) solar	နေကြတ်ခြင်း	nei gja' chin:
Terra (f)	ကမ္ဘာလုံး	ga ba loun:
Lua (f)	လ	la.
Marte (m)	အင်္ဂါဂြိုဟ်	in ga gjou
Vénus (f)	သောကြာဂြိုဟ်	thau' kja gjou'
Júpiter (m)	ကြာသပတေးဂြိုဟ်	kja dha ba. dei: gjou'
Saturno (m)	စနေဂြိုဟ်	sanei gjou'
Mercúrio (m)	ဗုဒ္ဓဟူးဂြိုဟ်	bou' da. gjou'
Urano (m)	ယူရေးနတ်ဂြိုဟ်	ju rei: na' gjou
Neptuno (m)	နက်ပကျွန်းဂြိုဟ်	ne' pa. gjun: gjou
Plutão (m)	ပလူတိုဂြိုဟ်	pa lu tou gjou '
Via Láctea (f)	နဂါးငွေ့ကြယ်စုတန်း	na. ga: ngwe. gje zu dan:
Ursa Maior (f)	မျောက်ပိုင်းဂဇဲတ်ဘဲးရဲကြယ်စု	mjau' pain: gajei' be:j gje zu.
Estrela Polar (f)	ဓ္ရုဝံကြယ်	du wan gje
marciano (m)	အင်္ဂါဂြိုဟ်သား	in ga gjou dha:
extraterrestre (m)	အခြားကမ္ဘာဂြိုဟ်သား	apja: ga ba gjou dha

alienígena (m)	ပြုလုပ်သား	gjou dha:
disco (m) voador	ပန်းကန်ပြားပျံ	bagan: bja: bjan

nave (f) espacial	အာကာသယာဉ်	akatha. jin
estação (f) orbital	အာကာသစခန်း	akatha. za khan:
lançamento (m)	လွှတ်တင်ခြင်း	hlu' tin gjin:

motor (m)	အင်ဂျင်	in gjin
bocal (m)	နို့ဇယ်	no ze
combustível (m)	လောင်စာ	laun za

cabine (f)	လေယာဉ်မောင်းအခန်း	lei jan maun akhan:
antena (f)	အင်တန်နာတိုင်	in tan na tain
vigia (f)	ပြတင်း	badin:
bateria (f) solar	နေရောင်ခြည်သုံးဘတ်ထရီ	nei jaun gje dhoun: ba' hta ji
traje (m) espacial	အာကာသဝတ်စုံ	akatha. wu' soun

imponderabilidade (f)	အလေးချိန်ကင်းမဲ့ခြင်း	alei: gjein gin: me. gjin:
oxigénio (m)	အောက်ဆီဂျင်	au' hsi gjin

acoplagem (f)	အာကာသထဲချိတ်ဆက်ခြင်း	akatha. hte: chei' hse' chin:
fazer uma acoplagem	အာကာသထဲချိတ်ဆက်သည်	akatha. hte: chei' hse' te

observatório (m)	နက္ခတ်မျှော်စင်	ne' kha' ta. mjo zin
telescópio (m)	အဝေးကြည့်မှန်ပြောင်း	awei: gji. hman bjaun:
observar (vt)	လေ့လာကြည့်ရှုသည်	lei. la kji. hju. de
explorar (vt)	သုတေသနပြုသည်	thu. tei thana bjou de

123. A Terra

Terra (f)	ကမ္ဘာမြေကြီး	ga ba mjei kji:
globo terrestre (Terra)	ကမ္ဘာလုံး	ga ba loun:
planeta (m)	ဂြိုဟ်	gjou

atmosfera (f)	လေထု	lei du.
geografia (f)	ပထဝီဝင်	pahtawi win
natureza (f)	သဘာဝ	tha. bawa

globo (mapa esférico)	ကမ္ဘာလုံး	ga ba loun:
mapa (m)	မြေပုံ	mjei boun
atlas (m)	မြေပုံစာအုပ်	mjei boun za ou'

Europa (f)	ဥရောပ	u. jo: pa
Ásia (f)	အာရှ	a sha.

África (f)	အာဖရိက	apha. ri. ka.
Austrália (f)	သြစတြေးလျ	thja za djei: lja

América (f)	အမေရိက	amei ji ka
América (f) do Norte	မြောက်အမေရိက	mjau' amei ri. ka.
América (f) do Sul	တောင်အမေရိက	taun amei ri. ka.

Antártida (f)	အန္တာတိတ်	anta di'
Ártico (m)	အာတိတ်	a tei'

124. Pontos cardeais

norte (m)	မြောက်အရပ်	mjau' aja'
para norte	မြောက်ဘက်သို့	mjau' be' thou.
no norte	မြောက်ဘက်မှာ	mjau' be' hma
do norte	မြောက်အရပ်နှင့်ဆိုင်သော	mjau' aja' hnin. zain de.
sul (m)	တောင်အရပ်	taun aja'
para sul	တောင်ဘက်သို့	taun be' thou.
no sul	တောင်ဘက်မှာ	taun be' hma
do sul	တောင်အရပ်နှင့်ဆိုင်သော	taun aja' hnin. zain de.
oeste, ocidente (m)	အနောက်အရပ်	anau' aja'
para oeste	အနောက်ဘက်သို့	anau' be' thou.
no oeste	အနောက်ဘက်မှာ	anau' be' hma
ocidental	အနောက်အရပ်နှင့်ဆိုင်သော	anau' aja' hnin. zain dho:
leste, oriente (m)	အရှေ့အရပ်	ashei. aja'
para leste	အရှေ့ဘက်သို့	ashei. be' hma
no leste	အရှေ့ဘက်မှာ	ashei. be' hma
oriental	အရှေ့အရပ်နှင့်ဆိုင်သော	ashei. aja' hnin. zain de.

125. Mar. Oceano

mar (m)	ပင်လယ်	pin le
oceano (m)	သမုဒ္ဒရာ	thamou' daja
golfo (m)	ပင်လယ်ကွေ့	pin le gwe.
estreito (m)	ရေလက်ကြား	jei le' kja:
terra (f) firme	ကုန်းမြေ	koun: mei
continente (m)	တိုက်	tai'
ilha (f)	ကျွန်း	kjun:
península (f)	ကျွန်းတွယ်	kjun: zwe
arquipélago (m)	ကျွန်းစု	kjun: zu.
baía (f)	အော်	o
porto (m)	သင်္ဘောဆိပ်ကမ်း	thin: bo: zei' kan:
lagoa (f)	ပင်လယ်ထုံးအိုင်	pin le doun: ain
cabo (m)	အငူ	angu
atol (m)	သန္တာကျောက်တန်းကျွန်းငယ်	than da gjau' tan: gjun: nge
recife (m)	ကျောက်တန်း	kjau' tan:
coral (m)	သန္တာကောင်	than da gaun
recife (m) de coral	သန္တာကျောက်တန်း	than da gjau' tan:
profundo	နက်သော	ne' te.
profundidade (f)	အနက်	ane'
abismo (m)	ချောက်နက်ကြီး	chau' ne' kji:
fossa (f) oceânica	မြောင်း	mjaun:
corrente (f)	စီးဆင်းကြောင်း	si: gaun:
banhar (vt)	ဝိုင်းသည်	wain: de

litoral (m)	ကမ်းစပ်	kan: za'
costa (f)	ကမ်းခြေ	kan: gjei
maré (f) alta	ရေတက်	jei de'
refluxo (m), maré (f) baixa	ရေကျ	jei gja.
restinga (f)	သောင်စွယ်	thaun zwe
fundo (m)	ကြမ်းပြင်	kan: pjin
onda (f)	လှိုင်း	hlain:
crista (f) da onda	လှိုင်းခေါင်းပြူ	hlain: gaun: bju.
espuma (f)	အမြှုပ်	a hmjou'
tempestade (f)	မုန်တိုင်း	moun dain:
furacão (m)	ဟာရီကိန်းမုန်တိုင်း	ha ji gain: moun dain:
tsunami (m)	ဆူနာမိ	hsu na mi
calmaria (f)	ရေသေ	jei dhei
calmo	ငြိမ်သက်အေးဆေးသော	njein dhe' ei: zei: de.
polo (m)	ဝင်ရိုးစွန်း	win jou: zun
polar	ဝင်ရိုးစွန်းနှင့်ဆိုင်သော	win jou: zun hnin. zain de.
latitude (f)	လတ္တီတွဒ်	la' ti. tu'
longitude (f)	လောင်ဂျီတွဒ်	laun gji twa'
paralela (f)	လတ္တီတွဒ်မျဉ်း	la' ti. tu' mjin:
equador (m)	အီကွေတာ	i kwei: da
céu (m)	ကောင်းကင်	kaun: gin
horizonte (m)	မိုးကုပ်စက်ဝိုင်း	mou kou' se' wain:
ar (m)	လေထု	lei du.
farol (m)	မီးပြတိုက်	mi: bja dai'
mergulhar (vi)	ရေငုပ်သည်	jei ngou' te
afundar-se (vr)	ရေမြုပ်သည်	jei mjou' te
tesouros (m pl)	ရတနာ	jadana

126. Nomes de Mares e Oceanos

Oceano (m) Atlântico	အတ္တလန္တိတ် သမုဒ္ဒရာ	a' ta. lan ti' thamou' daja
Oceano (m) Índico	အိန္ဒိယ သမုဒ္ဒရာ	indi. ja thamou. daja
Oceano (m) Pacífico	ပစိဖိတ် သမုဒ္ဒရာ	pa. si. hpi' thamou' daja
Oceano (m) Ártico	အာတိတ် သမုဒ္ဒရာ	a tei' thamou' daja
Mar (m) Negro	ပင်လယ်နက်	pin le ne'
Mar (m) Vermelho	ပင်လယ်နီ	pin le ni
Mar (m) Amarelo	ပင်လယ်ဝါ	pin le wa
Mar (m) Branco	ပင်လယ်ဖြူ	pin le bju
Mar (m) Cáspio	ကက်စပီယန် ပင်လယ်	ke' za. pi jan pin le
Mar (m) Morto	ပင်လယ်သေ	pin le dhe:
Mar (m) Mediterrâneo	မြေထဲပင်လယ်	mjei hte: bin le
Mar (m) Egeu	အေဂျိယန်းပင်လယ်	ei gi jan: bin le
Mar (m) Adriático	အဒရီရာတစ်ပင်လယ်	a da yi ya ti' pin le
Mar (m) Arábico	အာရေဘီးယန်း ပင်လယ်	a ra bi: an: bin le

Português	Birmanês	Transliteração
Mar (m) do Japão	ဂျပန် ပင်လယ်	gja pan pin le
Mar (m) de Bering	ဘယ်ရင်း ပင်လယ်	be jin: bin le
Mar (m) da China Meridional	တောင်တရုတ်ပင်လယ်	taun dajou' pinle
Mar (m) de Coral	ကော်ရယ်လ်ပင်လယ်	ko je l pin le
Mar (m) de Tasman	တက်စမန်းပင်လယ်	te' sa. man: bin le
Mar (m) do Caribe	ကာရေးဘီးယန်းပင်လယ်	ka rei: bi: jan: bin le
Mar (m) de Barents	ဘာရန့်စ် ပင်လယ်	ba jan's bin le
Mar (m) de Kara	ကာရာ ပင်လယ်	kara bin le
Mar (m) do Norte	မြောက်ပင်လယ်	mjau' pin le
Mar (m) Báltico	ဘော်လတစ်ပင်လယ်	bo' l ti' pin le
Mar (m) da Noruega	နော်ဝေးရီယန်း ပင်လယ်	no wei: bin le

127. Montanhas

Português	Birmanês	Transliteração
montanha (f)	တောင်	taun
cordilheira (f)	တောင်တန်း	taun dan:
serra (f)	တောင်ကြော	taun gjo:
cume (m)	ထိပ်	htei'
pico (m)	တောင်ထွတ်	taun htu'
sopé (m)	တောင်ခြေ	taun gjei
declive (m)	တောင်စောင်း	taun zaun:
vulcão (m)	မီးတောင်	mi: daun
vulcão (m) ativo	မီးတောင်ရှင်	mi: daun shin
vulcão (m) extinto	မီးငြိမ်းတောင်	mi: njein: daun
erupção (f)	မီးတောင်ပေါက်ကွဲခြင်း	mi: daun pau' kwe: gjin:
cratera (f)	မီးတောင်ဝ	mi: daun wa.
magma (m)	ကျောက်ရည်ပူ	kjau' ji bu
lava (f)	ချော်ရည်	cho ji
fundido (lava ~a)	အရည်းပျှသော	ajam: bu de.
desfiladeiro (m)	တောင်ကြားချိုင့်ဝှမ်းနက်	taun gja: gjain. hwan: ne'
garganta (f)	တောင်ကြား	taun gja:
fenda (f)	အက်ကွဲကြောင်း	e' kwe: gjaun:
precipício (m)	ချောက်ကမ်းပါး	chau' kan: ba:
passo, colo (m)	တောင်ကြားလမ်း	taun gja: lan:
planalto (m)	ကုန်းပြင်မြင့်	koun: bjin mjin:
falésia (f)	ကျောက်ဆောင်	kjau' hsain
colina (f)	တောင်ကုန်း	taun goun:
glaciar (m)	ရေခဲမြစ်	jei ge: mji'
queda (f) d'água	ရေတံခွန်	jei dan khun
géiser (m)	ရေပူစမ်း	jei bu zan:
lago (m)	ရေကန်	jei gan
planície (f)	မြေပြန့်	mjei bjan:
paisagem (f)	ရှုခင်း	shu. gin:
eco (m)	ပဲ့တင်သံ	pe. din than

alpinista (m)	တောင်တက်သမား	taun de' thama:
escalador (m)	ကျောက်တောင်တက်သမား	kjau' taun de dha ma:
conquistar (vt)	အောင်နိုင်သူ	aun nain dhu
subida, escalada (f)	တောင်တက်ခြင်း	taun de' chin:

128. Nomes de montanhas

Alpes (m pl)	အဲလ်ပ်တောင်	e.lp daun
monte Branco (m)	မောင့်ဘလန့်စ်တောင်	maun. ba. lan. s taun
Pirineus (m pl)	ပိရန်းနီးစ်တောင်	pi jan: ni:s taun
Cárpatos (m pl)	ကာပသီယန့်စ်တောင်	ka pa. dhi jan s taun
montes (m pl) Urais	ယူရယ်တောင်တန်း	ju re daun dan:
Cáucaso (m)	ကော့ကေးဆပ်တောင်တန်း	ko: kei: zi' taun dan:
Elbrus (m)	အယ်ဘရပ်စ်တောင်	e ba. ja's daun
Altai (m)	အယ်လတိုင်တောင်	e la. tain daun
Tian Shan (m)	တိုင်ယန်ရှန်းတောင်	tain jan shin: daun
Pamir (m)	ပါမီယာတောင်တန်း	pa mi ja daun dan:
Himalaias (m pl)	ဟိမဝန္တာတောင်တန်း	hi. ma. wan da daun dan:
monte (m) Everest	ဧဝရတ်တောင်	ei wa. ja' taun
Cordilheira (f) dos Andes	အန်းဒီတောင်တန်း	an: di daun dan:
Kilimanjaro (m)	ကီလီမန်ဂျာရိုတောင်	ki li man gja gou daun

129. Rios

rio (m)	မြစ်	mji'
fonte, nascente (f)	စမ်း	san:
leito (m) do rio	ရေကြောင်းကြောင်း	jei gjo: zi: gjaun:
bacia (f)	မြစ်ချိုင့်ဝှမ်း	mji' chain. hwan:
desaguar no …	စီးဝင်သည်	si: win de
afluente (m)	မြစ်လက်တက်	mji' le' te'
margem (do rio)	ကမ်း	kan:
corrente (f)	စီးကြောင်း	si: gaun:
rio abaixo	ရေစုန်	jei zoun
rio acima	ရေဆန်	jei zan
inundação (f)	ရေကြီးမှု	jei gji: hmu.
cheia (f)	ရေလျှံခြင်း	jei shan gjin:
transbordar (vi)	လျှံသည်	shan de
inundar (vt)	ရေလွှမ်းသည်	jei hlwan: de
banco (m) de areia	ရေတိမ်ပိုင်း	jei dein bain:
rápidos (m pl)	ရေအောက်ကျောက်ဆောင်	jei au' kjau' hsaun
barragem (f)	ဆည်	hse
canal (m)	တူးမြောင်း	tu: mjaun:
reservatório (m) de água	ရေလှောင်ကန်	jei hlaun gan
eclusa (f)	ရေလွှဲပေါက်	jei hlwe: bau'

corpo (m) de água	ရေထု	jei du.
pântano (m)	ရွှံ့ညွှန်	shwan njun
tremedal (m)	ဗွက်မြေ	sein. mjei
remoinho (m)	ရေဝဲ	jei we:

arroio, regato (m)	ချောင်းကလေး	chaun: galei:
potável	သောက်ရေ	thau' jei
doce (água)	ရေချို	jei gjou

| gelo (m) | ရေခဲ | jei ge: |
| congelar-se (vr) | ရေခဲသည် | jei ge: de |

130. Nomes de rios

| rio Sena (m) | ဆိန်မြစ် | sein mji' |
| rio Loire (m) | လော့ရီမြစ် | lo ji mji' |

rio Tamisa (m)	သိမ်းမြစ်	thain: mji'
rio Reno (m)	ရိုင်းမြစ်	rain: mji'
rio Danúbio (m)	ဒင်နယုမြစ်	din na. ju mji'

rio Volga (m)	ဗော်လဂါမြစ်	bo la. ga mja'
rio Don (m)	ဒွန်မြစ်	dun mja'
rio Lena (m)	လီနာမြစ်	li na mji'

rio Amarelo (m)	မြစ်ဝါ	mji' wa
rio Yangtzé (m)	ရမ်ဇီးမြစ်	jan zi: mji'
rio Mekong (m)	မဲခေါင်မြစ်	me: gaun mji'
rio Ganges (m)	ဂင်္ဂါမြစ်	gan ga. mji'

rio Nilo (m)	နိုင်းမြစ်	nain: mji'
rio Congo (m)	ကွန်ဂိုမြစ်	kun gou mji'
rio Cubango (m)	အိုကာဝန်ဂိုမြစ်	ai' hou ban
rio Zambeze (m)	ဇမ်ဘီဇီးမြစ်	zan bi zi: mji'
rio Limpopo (m)	လင်ပိုပိုမြစ်	lin po pou mji'
rio Mississípi (m)	မစ်စစ္စပီမြစ်	mi' si. si. pi. mji'

131. Floresta

| floresta (f), bosque (m) | သစ်တော | thi' to: |
| florestal | သစ်တောနှင့်ဆိုင်သော | thi' to: hnin. zain de. |

mata (f) cerrada	ထူထပ်သောတော	htu da' te. do:
arvoredo (m)	သစ်ပင်အုပ်	thi' pin ou'
clareira (f)	တောတွင်းလဟာပြင်	to: dwin: la. ha bjin

| matagal (m) | ချုံပိတ်ပေါင်း | choun bei' paun: |
| mato (m) | ချုံထနောင်းတော | choun hta naun: de. |

vereda (f)	လူသွားလမ်းကလေး	lu dhwa: lan: ga. lei:
ravina (f)	လျှို	shou
árvore (f)	သစ်ပင်	thi' pin

folha (f)	သစ်ရွက်	thi' jwe'
folhagem (f)	သစ်ရွက်များ	thi' jwe' mja:

queda (f) das folhas	သစ်ရွက်ကြွေခြင်း	thi' jwe' kjwei gjin:
cair (vi)	သစ်ရွက်ကြွေသည်	thi' jwe' kjwei de
topo (m)	အဖျား	ahpja:

ramo (m)	အကိုင်းခွဲ	akain: khwe:
galho (m)	ပင်မကိုင်း	pin ma. gain:
botão, rebento (m)	အဖူး	ahpu:
agulha (f)	အပ်နှင့်တူသောအရွက်	a' hnin. bu de. ajwe'
pinha (f)	ထင်းရှူးသီး	htin: shu: dhi:

buraco (m) de árvore	အခေါင်းပေါက်	akhaun: bau'
ninho (m)	ငှက်သိုက်	hnge' thai'
toca (f)	မြေတွင်း	mjei dwin:

tronco (m)	ပင်စည်	pin ze
raiz (f)	အမြစ်	amji'
casca (f) de árvore	သစ်ခေါက်	thi' khau'
musgo (m)	ရေညှိ	jei hnji.

arrancar pela raiz	အမြစ်မှဆွဲနှုတ်သည်	amji' hma zwe: hna' te
cortar (vt)	ခုတ်သည်	khou' te
desflorestar (vt)	တောပြုန်းစေသည်	to: bjoun: zei de
toco, cepo (m)	သစ်ငုတ်တို	thi' ngou' tou

fogueira (f)	မီးပုံ	mi: boun
incêndio (m) florestal	မီးလောင်ခြင်း	mi: laun gjin:
apagar (vt)	မီးသတ်သည်	mi: tha' de

guarda-florestal (m)	တောခေါင်း	to: gaun:
proteção (f)	သစ်တောဝန်ထမ်း	thi' to: wun dan:
proteger (a natureza)	ထိန်းသိမ်းစောင့်ရှောက်သည်	htein: dhein: zaun. shau' te
caçador (m) furtivo	ခိုးယူသူ	khou' ju dhu
armadilha (f)	သံမဏိထောင်ချောက်	than mani. daun gjau'

colher (cogumelos)	ဆွတ်သည်	hsu' te
colher (bagas)	ခူးသည်	khu: de
perder-se (vr)	လမ်းပျောက်သည်	lan: bjau' de

132. Recursos naturais

recursos (m pl) naturais	သယံဇာတ	thajan za da.
minerais (m pl)	တွင်းထွက်ပစ္စည်း	twin: htwe' pji' si:
depósitos (m pl)	နုန်း	noun;
jazida (f)	ဓာတ်သတ္တုထွက်ရာမြေ	da' tha' tu dwe' ja mjei

extrair (vt)	တူးဖော်သည်	tu: hpo de
extração (f)	တူးဖော်ခြင်း	tu: hpo gjin:
minério (m)	သတ္တုရိုင်း	tha' tu. jain:
mina (f)	သတ္တုတွင်း	tha' tu. dwin:
poço (m) de mina	မိုင်းတွင်း	main: dwin:
mineiro (m)	သတ္တုတွင်း အလုပ်သမား	tha' tu. dwin: alou' thama:

gás (m)	ဓာတ်ငွေ့	da' ngwei.
gasoduto (m)	ဓါတ်ငွေ့ပိုက်လိုင်း	da' ngwei. bou' lain:
petróleo (m)	ရေနံ	jei nan
oleoduto (m)	ရေနံပိုက်လိုင်း	jei nan bou' lain:
poço (m) de petróleo	ရေနံတွင်း	jei nan dwin:
torre (f) petrolífera	ရေနံစင်	jei nan zin
petroleiro (m)	လောင်စာတင်သင်္ဘော	laun za din dhin bo:
areia (f)	သဲ	the:
calcário (m)	ထုံးကျောက်	htoun: gjau'
cascalho (m)	ကျောက်စရစ်	kjau' sa. ji'
turfa (f)	မြေဆွေးခဲ	mjei zwei: ge:
argila (f)	မြေစေး	mjei zei:
carvão (m)	ကျောက်မီးသွေး	kjau' mi dhwei:
ferro (m)	သံ	than
ouro (m)	ရွှေ	shwei
prata (f)	ငွေ	ngwei
níquel (m)	နီကယ်	ni ke
cobre (m)	ကြေးနီ	kjei: ni
zinco (m)	သွပ်	thu'
manganês (m)	မဂ္ဂနီစ်	ma' ga. ni:s
mercúrio (m)	ပြဒါး	bada:
chumbo (m)	ခဲ	khe:
mineral (m)	သတ္တုများ	tha' tu. za:
cristal (m)	သလင်းကျောက်	thalin: gjau'
mármore (m)	စကျင်ကျောက်	zagjin kjau'
urânio (m)	ယူရေနီယမ်	ju rei ni jan

A Terra. Parte 2

133. Tempo

tempo (m)	ရာသီဥတု	ja dhi nja. tu.
previsão (f) do tempo	မိုးလေဝသခန့် မှန်းချက်	mou: lei wa. dha. gan. hman: gje'
temperatura (f)	အပူရှိန်	apu gjein
termómetro (m)	သာမိုမီတာ	tha mou mi ta
barómetro (m)	လေဖိအားတိုင်းကိရိယာ	lei bi. a: dain: gi. ji. ja
húmido	စိုထိုင်းသော	sou htain: de
humidade (f)	စိုထိုင်းမှု	sou htain: hmu.
calor (m)	အပူရှိန်	apu shein
cálido	ပူလောင်သော	pu laun de.
está muito calor	ပူလောင်ခြင်း	pu laun gjin:
está calor	နွေးခြင်း	nwei: chin:
quente	နွေးသော	nwei: de.
está frio	အေးခြင်း	ei: gjin:
frio	အေးသော	ei: de.
sol (m)	နေ	nei
brilhar (vi)	သာသည်	tha de
de sol, ensolarado	နေသာသော	nei dha de.
nascer (vi)	နေထွက်သည်	nei dwe' te
pôr-se (vr)	နေဝင်သည်	nei win de
nuvem (f)	တိမ်	tein
nublado	တိမ်ထသော	tein du de
nuvem (f) preta	မိုးတိမ်	mou: dain
escuro, cinzento	ညို့ မှိုင်းသော	njou. hmain: de.
chuva (f)	မိုး	mou:
está a chover	မိုးရွာသည်	mou: jwa de.
chuvoso	မိုးရွာသော	mou: jwa de.
chuviscar (vi)	မိုးဖွဲဖွဲရွာသည်	mou: bwe: bwe: jwa de
chuva (f) torrencial	သည်းထန်စွာရွာသောမိုး	thi: dan zwa jwa dho: mou:
chuvada (f)	မိုးပုဆိန်	mou: bu. zain
forte (chuva)	မိုးသည်းသော	mou: de: de.
poça (f)	ရေအိုင်	jei ain
molhar-se (vr)	မိုးမိသည်	mou: mi de
nevoeiro (m)	မြူ	mju
de nevoeiro	မြူထူထပ်သော	mju htu hta' te.
neve (f)	နှင်း	hnin:
está a nevar	နှင်းကျသည်	hnin: gja. de

134. Tempo extremo. Catástrofes naturais

trovoada (f)	မိုးသက်မုန်တိုင်း	mou: dhe' moun dain:
relâmpago (m)	လျှပ်စီး	hlja' si:
relampejar (vi)	လျှပ်ပြက်သည်	hlja' pje' te
trovão (m)	မိုးကြိုး	mou: kjou:
trovejar (vi)	မိုးကြိုးပစ်သည်	mou: gjou: pi' te
está a trovejar	မိုးကြိုးပစ်သည်	mou: gjou: pi' te
granizo (m)	မိုးသီး	mou: dhi:
está a cair granizo	မိုးသီးကြွေသည်	mou: dhi: gjwei de
inundar (vt)	ရေကြီးသည်	jei gji: de
inundação (f)	ရေကြီးမှု	jei gji: hmu.
terremoto (m)	ငလျင်	nga ljin
abalo, tremor (m)	တုန်ခါခြင်း	toun ga gjin:
epicentro (m)	ငလျင်ဗဟိုချက်	nga ljin ba hou che'
erupção (f)	မီးတောင်ပေါက်ကွဲခြင်း	mi: daun pau' kwe: gjin:
lava (f)	ချော်ရည်	cho ji
turbilhão, tornado (m)	လေဆင်နှာမောင်း	lei zin hna maun:
tufão (m)	တိုင်ဖွန်းမုန်တိုင်း	tain hpun moun dain:
furacão (m)	ဟာရီကိန်းမုန်တိုင်း	ha ji gain: moun dain:
tempestade (f)	မုန်တိုင်း	moun dain:
tsunami (m)	ဆူနာမိ	hsu na mi
ciclone (m)	ဆိုင်ကလုန်းမုန်တိုင်း	hsain ga. loun: moun dain:
mau tempo (m)	ဆိုးရွားသောရာသီဥတု	hsou: jwa: de. ja dhi u. tu.
incêndio (m)	မီးလောင်ခြင်း	mi: laun gjin:
catástrofe (f)	ဘေးအန္တရာယ်	bei: an daje
meteorito (m)	ဥက္ကာခဲ	ou' ka ge:
avalanche (f)	ရေခဲနှင့်ကျောက်တုံးများထိုးကျခြင်း	jei ge: hnin kjau' toun: mja: htou: gja. gjin:
deslizamento (m) de neve	လေထိုက်ပြိုပြစ်နေသောနှင်းပုံ	lei dou' hpji: bi' nei dho: hnin: boun
nevasca (f)	နှင်းမုန်တိုင်း	hnin: moun dain:
tempestade (f) de neve	နှင်းမုန်တိုင်း	hnin: moun dain:

Fauna

135. Mamíferos. Predadores

predador (m)	သားရဲ	tha: je:
tigre (m)	ကျား	kja:
leão (m)	ခြေသဲ့	chin dhei.
lobo (m)	ဝံပုလွေ	wun bu. lwei
raposa (f)	မြေခွေး	mjei gwei:
jaguar (m)	ဂျက်ဂွာကျားသစ်မျိုး	gja gwa gja: dhi' mjou:
leopardo (m)	ကျားသစ်	kja: dhi'
chita (f)	သစ်ကျုတ်	thi' kjou'
pantera (f)	ကျားသစ်နက်	kja: dhi' ne'
puma (m)	ပျူးမားတောင်ခြေသဲ့	pju. ma: daun gjin dhei.
leopardo-das-neves (m)	ရေခဲတောင်ကျားသစ်	jei ge: daun gja: dhi'
lince (m)	လင့်ကြောင်မျိုးတို	lin. gjaun mji: dou
coiote (m)	ဝံပုလွေငယ်တစ်မျိုး	wun bu. lwei nge di' mjou:
chacal (m)	ခွေးအ	khwei: a.
hiena (f)	ဟိုင်းအီးနား	hain i: na:

136. Animais selvagens

animal (m)	တိရစ္ဆာန်	tharei' hsan
besta (f)	ခြေလေးချောင်းသတ္တဝါ	chei lei: gjaun: dhadawa
esquilo (m)	ရှဉ့်	shin.
ouriço (m)	ဖြူကောင်	hpju gaun
lebre (f)	တောယုန်ကြီး	to: joun gji:
coelho (m)	ယုန်	joun
texugo (m)	ခွေးတူဝက်တူကောင်	khwei: du we' tu gaun
guaxinim (m)	ရက်ကွန်းဝံ	je' kwan: wan
hamster (m)	မြီးတိုပါးတွဲကြက်	mji: dou ba: dwe: gjwe'
marmota (f)	မားမို့တ်ကောင်	ma: mou. t gaun
toupeira (f)	ပွေး	pwei:
rato (m)	ကြွက်	kjwe'
ratazana (f)	မြေကြွက်	mjei gjwe'
morcego (m)	လင်းနို့	lin: nou.
arminho (m)	အားမင်ကောင်	a: min gaun
zibelina (f)	ဆေဘယ်	hsei be
marta (f)	အသားစားအကောင်ငယ်	atha: za: akaun nge
doninha (f)	သားစားဖျံ	tha: za: bjan
vison (m)	မင့်ခ်မြွေပါ	min kh mjwei ba

castor (m)	ဖျံကြီးတစ်မျိုး	hpjan gji: da' mjou:
lontra (f)	ဖျံ	hpjan

cavalo (m)	မြင်း	mjin:
alce (m)	ဦးချိုပြားသော သမင်ကြီး	u: gjou bja: dho: thamin gji:
veado (m)	သမင်	thamin
camelo (m)	ကုလားအုတ်	kala: ou'

bisão (m)	အမေရိကန်ပြောင်	amei ji kan pjaun
auroque (m)	အောရက်စ်	o: re' s
búfalo (m)	ကျွဲ	kjwe:

zebra (f)	မြင်းကျား	mjin: gja:
antílope (m)	အပြေးမြန်သော တောဆိတ်	apjei: mjan de. hto: zei'
corça (f)	ဒရယ်ငယ်တစ်မျိုး	da. je nge da' mjou:
gamo (m)	ဒရယ်	da. je
camurça (f)	တောင်ဆိတ်	taun zei'
javali (m)	တောဝက်ထီး	to: we' hti:

baleia (f)	ဝေလငါး	wei la. nga:
foca (f)	ပင်လယ်ဖျံ	pin le bjan
morsa (f)	ဝေါရပ်စ်ဖျံ	wo: ra's hpjan
urso-marinho (m)	အမွေးပါသောပင်လယ်ဖျံ	amwei: pa dho: bin le hpjan
golfinho (m)	လင်းပိုင်	lin: bain

urso (m)	ဝက်ဝံ	we' wun
urso (m) branco	ဝိုလာဝက်ဝံ	pou la we' wan
panda (m)	ပန်ဒါဝက်ဝံ	pan da we' wan

macaco (em geral)	မျောက်	mjau'
chimpanzé (m)	ချင်ပင်ဇီမျောက်ဝံ	chin pin zi mjau' wan
orangotango (m)	အော်ရန်အူတန်လူဝံ	o ran u tan lu wun
gorila (m)	ဂေါ်ရီလာမျောက်ဝံ	go ji la mjau' wun
macaco (m)	မာကာဂွေမျောက်	ma ga gwei mjau'
gibão (m)	မျောက်လွှဲကျော်	mjau' hlwe: gjo

elefante (m)	ဆင်	hsin
rinoceronte (m)	ကြံ့	kjan.
girafa (f)	သစ်ကုလားအုတ်	thi' ku. la ou'
hipopótamo (m)	ရေမြင်း	jei mjin:

canguru (m)	သားပိုက်ကောင်	tha: bai' kaun
coala (m)	ကိုအာလာဝက်ဝံ	kou a la we' wun

mangusto (m)	မွေဘာ	mwei ba
chinchila (m)	ချင်ချီလာ	chin: chi la
doninha-fedorenta (f)	စကန့်ဖျံ	sakan. kh hpjan
porco-espinho (m)	ဖြူ	hpju

137. Animais domésticos

gata (f)	ကြောင်	kjaun
gato (m) macho	ကြောင်ထီး	kjaun di:
cão (m)	ခွေး	khwei:

cavalo (m)	မြင်း	mjin:
garanhão (m)	မြင်းထီး	mjin: di:
égua (f)	မြင်းမ	mjin: ma.
vaca (f)	နွား	nwa:
touro (m)	နွားထီး	nwa: di:
boi (m)	နွားထီး	nwa: di:
ovelha (f)	သိုး	thou:
carneiro (m)	သိုးထီး	thou: hti:
cabra (f)	ဆိတ်	hsei'
bode (m)	ဆိတ်ထီး	hsei' hti:
burro (m)	မြည်း	mji:
mula (f)	လား	la:
porco (m)	ဝက်	we'
leitão (m)	ဝက်ကလေး	we' ka lei:
coelho (m)	ယုန်	joun
galinha (f)	ကြက်	kje'
galo (m)	ကြက်ဖ	kje' pha.
pata (f)	ဘဲ	be:
pato (macho)	ဘဲထီး	be: di:
ganso (m)	ဘဲငန်း	be: ngan:
peru (m)	ကြက်ဆင်	kje' hsin
perua (f)	ကြက်ဆင်	kje' hsin
animais (m pl) domésticos	အိမ်မွေးတိရစ္ဆာန်များ	ein mwei: ti. ji. swan mja:
domesticado	ယဉ်ပါးသော	jin ba: de.
domesticar (vt)	ယဉ်ပါးစေသည်	jin ba: zei de
criar (vt)	သားပေါက်သည်	tha: bau' te
quinta (f)	စိုက်ပျိုးမွေးမြူရေးခြံ	sai' pjou: mwei: mju jei: gjan
aves (f pl) domésticas	ကြက်ဥကတိရစ္ဆာန်	kje' ti ji za hsan
gado (m)	ကျွဲနွားတိရစ္ဆာန်	kjwe: nwa: tarei. zan
rebanho (m), manada (f)	အုပ်	ou'
estábulo (m)	မြင်းဇောင်း	mjin: zaun:
pocilga (f)	ဝက်ခြံ	we' khan
estábulo (m)	နွားတင်းကုပ်	nwa: din: gou'
coelheira (f)	ယုန်အိမ်	joun ein
galinheiro (m)	ကြက်လှောင်အိမ်	kje' hlaun ein

138. Pássaros

pássaro (m), ave (f)	ငှက်	hnge'
pombo (m)	ခို	khou
pardal (m)	စာကလေး	sa ga. lei:
chapim-real (m)	စာဝတ်ငှက်	sa wadi: hnge'
pega-rabuda (f)	ငှက်ကျား	hnge' kja:
corvo (m)	ကျီးနက်	kji: ne'

gralha (f) cinzenta	ကျီးကန်း	kji: kan:
gralha-de-nuca-cinzenta (f)	ဉရောပကျီးတစ်မျိုး	u. jo: pa gji: di' mjou:
gralha-calva (f)	ကျီးအ	kji: a.
pato (m)	ဘဲ	be:
ganso (m)	ဘဲငန်း	be: ngan:
faisão (m)	ရစ်ငှက်	ji' hnge'
águia (f)	လင်းယုန်	lin: joun
açor (m)	သိမ်းငှက်	thain: hnge'
falcão (m)	အမဲလိုက်သိမ်းငှက်တစ်မျိုး	ame: lai' thein: hnge' ti' mjou:
abutre (m)	လင်းတ	lin: da.
condor (m)	တောင်အမေရိကလင်းတ	taun amei ri. ka. lin: da.
cisne (m)	ငန်း	ngan:
grou (m)	ငှက်ကုလား	hnge' ku. la:
cegonha (f)	ချည်ဆင်စွပ်ငှက်	che gin zu' hnge'
papagaio (m)	ကြက်တူရွေး	kje' tu jwei:
beija-flor (m)	ငှက်ပိတုန်း	hnge' pi. doun:
pavão (m)	ဉဒေါင်း	u. daun:
avestruz (m)	ငှက်ကုလားအုတ်	hnge' ku. la: ou'
garça (f)	ငဟစ်ငှက်	nga hi' hnge'
flamingo (m)	ကြိုးကြာနီ	kjou: kja: ni
pelicano (m)	ငှက်ကြီးဝမ်းဗိုက်	hnge' kji: wun bou
rouxinol (m)	တေးဆိုငှက်	tei: hsou hnge'
andorinha (f)	ပျံလွှား	pjan hlwa:
tordo-zornal (m)	မြေလူးငှက်	mjei lu: hnge'
tordo-músico (m)	တေးဆိုမြေလူးငှက်	tei: hsou mjei lu: hnge'
melro-preto (m)	ငှက်မည်း	hnge' mji:
andorinhão (m)	ပျံလွှားတစ်မျိုး	pjan hlwa: di' mjou:
cotovia (f)	ဘီလုံးငှက်	bi loun: hnge'
codorna (f)	ငုံး	ngoun:
pica-pau (m)	သစ်တောက်ငှက်	thi' tau' hnge'
cuco (m)	ဥသျှောင်ငှက်	udhja hnge'
coruja (f)	ဇီးကွက်	zi: gwe
corujão, bufo (m)	သိမ်းငှက်အနွယ်ဝင်ဇီးကွက်	thain: hnge' anwe win zi: gwe'
tetraz-grande (m)	ရစ်	ji'
tetraz-lira (m)	ရစ်နက်	ji' ne'
perdiz-cinzenta (f)	ခါ	kha
estorninho (m)	ကျွဲဆက်ရက်	kjwe: hse' je'
canário (m)	စာဝါငှက်	sa wa hnge'
galinha-do-mato (f)	ရစ်ညို	ji' njou
tentilhão (m)	စာကျွဲခေါင်း	sa gjwe: gaun:
dom-fafe (m)	စာကျွဲခေါင်းငှက်	sa gjwe: gaun: hngwe'
gaivota (f)	စင်ရော်	sin jo
albatroz (m)	ပင်လယ်စင်ရော်ကြီး	pin le zin jo gji:
pinguim (m)	ပင်ဂွင်း	pin gwin:

139. Peixes. Animais marinhos

brema (f)	ငါးကြင်းတစ်မျိုး	nga: gjin: di' mjou
carpa (f)	ငါးကြင်း	nga gjin:
perca (f)	ငါးပြမတစ်မျိုး	nga: bjei ma. di' mjou:
siluro (m)	ငါးခူ	nga: gu
lúcio (m)	ပိုက်ငါး	pai' nga
salmão (m)	ဆော်လမွန်ငါး	hso: la. mun nga:
esturjão (m)	စတာဂျင်ငါးကြီးမျိုး	sata gjin nga: gji: mjou:
arenque (m)	ငါးသလောက်	nga: dha. lau'
salmão (m)	ဆော်လမွန်ငါး	hso: la. mun nga:
cavala, sarda (f)	မက်ကရယ်ငါး	me' ka. je nga:
solha (f)	ဥရောပ ငါးခွေးလျှာတစ်မျိုး	u. jo: pa nga: gwe: sha di' mjou:
lúcio perca (m)	ငါးပြမအနွယ်ဝင်ငါးတစ်မျိုး	nga: bjei ma. anwe win nga: di' mjou:
bacalhau (m)	ငါးကြီးဆီထုတ်သောငါး	nga: gji: zi dou' de. nga:
atum (m)	တူနာငါး	tu na nga:
truta (f)	ထရောက်ငါး	hta. jau' nga:
enguia (f)	ငါးရှဉ့်	nga: shin.
raia elétrica (f)	ငါးလက်ထုံ	nga: le' htoun
moreia (f)	ငါးရှဉ့်ကြီးတစ်မျိုး	nga: shin. gji: da' mjou:
piranha (f)	အသားစားငါးငယ်တစ်မျိုး	atha: za: nga: nge ti' mjou:
tubarão (m)	ငါးမန်း	nga: man:
golfinho (m)	လင်းပိုင်	lin: bain
baleia (f)	ဝေလငါး	wei la. nga:
caranguejo (m)	ကကန်း	kanan:
medusa, alforreca (f)	ငါးဖန်ခွက်	nga: hpan gwe'
polvo (m)	ရေဘဝဲ	jei ba. we:
estrela-do-mar (f)	ကြယ်ငါး	kje nga:
ouriço-do-mar (m)	သံပုရွပ်	than ba. gjou'
cavalo-marinho (m)	ရေမြင်း	jei naga:
ostra (f)	ကမာကောင်	kama kaun
camarão (m)	ပုစွန်	bazun
lavagante (m)	ကျောက်ပုစွန်	kjau' pu. zun
lagosta (f)	ကျောက်ပုစွန်	kjau' pu. zun

140. Amfíbios. Répteis

serpente, cobra (f)	မြွေ	mwei
venenoso	အဆိပ်ရှိသော	ahsei' shi. de.
víbora (f)	မြွေပွေး	mwei bwei:
cobra-capelo, naja (f)	မြွေဟောက်	mwei hau'
pitão (m)	စပါးအုံးမြွေ	saba: oun: mwei

jiboia (f)	စပါးကြီးမြွေ	saba: gji: mwei
cobra-de-água (f)	မြက်လျောမြွေ	mje' sho: mwei
cascavel (f)	ခလောက်ဆွဲမြွေ	kha. lau' hswe: mwei
anaconda (f)	အနာကွန်ဒါမြွေ	ana kun da mwei
lagarto (m)	တွားသွားသတ္တဝါ	twa: dhwa: tha' tawa
iguana (f)	ဖွတ်	hpu'
varano (m)	ပုတ်သင်	pou' thin
salamandra (f)	ရေပုတ်သင်	jei bou' thin
camaleão (m)	ပုတ်သင်ညို	pou' thin njou
escorpião (m)	ကင်းမြီးကောက်	kin: mji: kau'
tartaruga (f)	လိပ်	lei'
rã (f)	ဖား	hpa:
sapo (m)	ဖားပြုပ်	hpa: bju'
crocodilo (m)	မိကျောင်း	mi. kjaun:

141. Insetos

inseto (m)	ပိုးမွှား	pou: hmwa:
borboleta (f)	လိပ်ပြာ	lei' pja
formiga (f)	ပုရွက်ဆိတ်	pu, jwe' hsei'
mosca (f)	ယင်ကောင်	jin gaun
mosquito (m)	ခြင်	chin
escaravelho (m)	ပိုးတောင်မာ	pou: daun ma
vespa (f)	နကျယ်ကောင်	na. gje gaun
abelha (f)	ပျား	pja:
mamangava (f)	ပိတုန်း	pi. doun:
moscardo (m)	မှက်	hme'
aranha (f)	ပင့်ကူ	pjin. gu
teia (f) de aranha	ပင့်ကူအိမ်	pjin gu ein
libélula (f)	ပုစဉ်း	bazin
gafanhoto-do-campo (m)	နကောင်	hnan gaun
traça (f)	ပိုးဖလံ	pou: ba. lan
barata (f)	ပိုးဟပ်	pou: ha'
carraça (f)	မှား	hmwa:
pulga (f)	သန်း	than:
borrachudo (m)	မှက်အသေးစား	hme' athei: za:
gafanhoto (m)	ကျိုင်းကောင်	kjain: kaun
caracol (m)	ခရု	khaju.
grilo (m)	ပုရစ်	paji'
pirilampo (m)	ပိုးစုန်းကြူး	pou: zoun: gju:
joaninha (f)	လေဒီဘာပိုးတောင်မာ	lei di ba' pou: daun ma
besouro (m)	အုန်းပိုး	oun: bou:
sanguessuga (f)	မျှော့	hmjo.
lagarta (f)	ပေါက်ဖက်	pau' hpe'
minhoca (f)	တီကောင်	ti gaun
larva (f)	ပိုးတုံးလုံး	pou: doun: loun:

Flora

142. Árvores

árvore (f)	သစ်ပင်	thi' pin
decídua	ရွက်ပြတ်	jwe' pja'
conífera	ထင်းရှူးပင်နှင့်ဆိုင်သော	htin: shu: bin hnin. zain de.
perene	အဖားရရှင်းပင်	e ba: ga rin: bin
macieira (f)	ပန်းသီးပင်	pan: dhi: bin
pereira (f)	သစ်တော်ပင်	thi' to bin
cerejeira (f)	ချယ်ရီသီးအချိုပင်	che ji dhi: akjou bin
ginjeira (f)	ချယ်ရီသီးအချဉ်ပင်	che ji dhi: akjin bin
ameixeira (f)	ဆီးပင်	hsi: bin
bétula (f)	ဘူဇပတ်ပင်	bu. za. ba' pin
carvalho (m)	ဝက်သစ်ချပင်	we' thi' cha. bin
tília (f)	လင်ဒန်ပင်	lin dan pin
choupo-tremedor (m)	ပေါပလာပင်တစ်မျိုး	po. pa. la bin di' mjou:
bordo (m)	မေပယ်ပင်	mei pe bin
espruce-europeu (m)	ထင်းရှူးပင်တစ်မျိုး	htin: shu: bin ti' mjou:
pinheiro (m)	ထင်းရှူးပင်	htin: shu: bin
alerce, lariço (m)	ကတောပွံထင်းရှူးပင်	ka dau. boun din: shu: pin
abeto (m)	ထင်းရှူးပင်တစ်မျိုး	htin: shu: bin ti' mjou:
cedro (m)	သစ်ကတိုးပင်	thi' gadou: bin
choupo, álamo (m)	ပေါပလာပင်	po. pa. la bin
tramazeira (f)	ရာအန်ပင်	ra an bin
salgueiro (m)	မိုးမခပင်	mou: ma. ga. bin
amieiro (m)	အိုင်ဒါပင်	oun da bin
faia (f)	ယင်းသစ်	jin: dhi'
ulmeiro (m)	အမ်ပင်	an bin
freixo (m)	အက်ရှအပင်	e' sh apin
castanheiro (m)	သစ်အယ်ပင်	thi' e
magnólia (f)	တတိုင်းမွှေးပင်	ta tain: hmwei: bin
palmeira (f)	ထန်းပင်	htan: bin
cipreste (m)	စိုက်ပရက်စ်ပင်	sai' pa. je's pin
mangue (m)	လမုပင်	la. mu. bin
embondeiro, baobá (m)	ကန္တာရပေါက်ပင်တစ်မျိုး	kan ta ja. bau' bin di' chju:
eucalipto (m)	ယူကလစ်ပင်	ju kali' pin
sequoia (f)	ဆီကွိုလာပင်	hsi gwou la pin

143. Arbustos

arbusto (m)	ချုံပုတ်	choun bou'
arbusto (m), moita (f)	ချုံ	choun

videira (f)	စပျစ်	zabji'
vinhedo (m)	စပျစ်ခြံ	zabji' chan
framboeseira (f)	ရက်စဘယ်ရီ	re' sa be ji
groselheira-preta (f)	ဘလက်ကားရန်	ba. le' ka: jan.
groselheira-vermelha (f)	အနီရောင်ဘယ်ရီချိုး	ani jaun be ji dhi:
groselheira (f) espinhosa	ကုလားဆီးဖျူပင်	kala: zi: hpju pin
acácia (f)	အကေရှားပင်	akei sha: bin:
bérberis (f)	ဘားဘယ်ရီပင်	ba: be' ji bin
jasmim (m)	စံပယ်ပင်	san be bin
junípero (m)	ဂျုနီပါပင်	gju ni ba bin
roseira (f)	နှင်းဆီချုံ	hnin: zi gjun
roseira (f) brava	တောရိုင်းနှင်းဆီပင်	to: ein: hnin: zi bin

144. Frutos. Bagas

fruta (f)	အသီး	athi:
frutas (f pl)	အသီးများ	athi: mja:
maçã (f)	ပန်းသီး	pan: dhi:
pera (f)	သစ်တော်သီး	thi' to dhi:
ameixa (f)	ဆီးသီး	hsi: dhi:
morango (m)	စတော်ဘယ်ရီသီး	sato be ri dhi:
ginja (f)	ချယ်ရီချဉ်သီး	che ji gjin dhi:
cereja (f)	ချယ်ရီချိုသီး	che ji gjou dhi:
uva (f)	စပျစ်သီး	zabji' thi:
framboesa (f)	ရက်စဘယ်ရီ	re' sa be ji
groselha (f) preta	ဘလက်ကားရန်	ba. le' ka: jan.
groselha (f) vermelha	အနီရောင်ဘယ်ရီသီး	ani jaun be ji dhi:
groselha (f) espinhosa	ကုလားဆီးဖျူ	ka. la: his: hpju
oxicoco (m)	ကရမ်ဘယ်ရီ	ka. jan be ji
laranja (f)	လိမ္မော်သီး	limmo dhi:
tangerina (f)	ျားလိမ္မော်သီး	pja: lein mo dhi:
ananás (m)	နာနတ်သီး	na na' dhi:
banana (f)	ငှက်ပျောသီး	hnge' pjo: dhi:
tâmara (f)	စွန်ပလွံသီး	sun palun dhi:
limão (m)	သံပုရာသီး	than bu. jou dhi:
damasco (m)	တရုတ်ဆီးသီး	jau' hsi: dhi:
pêssego (m)	မက်မွန်သီး	me' mwan dhi:
kiwi (m)	ကီဝီသီး	ki wi dhi
toranja (f)	ဂရိတ်ဖရုသီး	ga. ri' hpa. ju dhi:
baga (f)	ဘယ်ရီသီး	be ji dhi:
bagas (f pl)	ဘယ်ရီသီးများ	be ji dhi: mja:
arando (m) vermelho	အနီရောင်ဘယ်ရီသီးတစ်မျိုး	ani jaun be ji dhi: di: mjou:
morango-silvestre (m)	စတော်ဘယ်ရီရိုင်း	sato be ri jain:
mirtilo (m)	ဘီလ်ဘယ်ရီအသီး	bi' l be ji athi:

145. Flores. Plantas

flor (f)	ပန်း	pan:
ramo (m) de flores	ပန်းစည်း	pan: ze:
rosa (f)	နှင်းဆီပန်း	hnin: zi ban:
tulipa (f)	ကျူးလစ်ပန်း	kju: li' pan:
cravo (m)	ဇော်ဟွားပန်း	zo hmwa: bin:
gladíolo (m)	သစ္စာပန်း	thi' sa ban:
centáurea (f)	အပြာရောင်တောပန်းတစ်မျိုး	apja jaun dho ban: da' mjou:
campânula (f)	ခေါင်းရန့်အပြာပန်း	gaun: jan: apja ban:
dente-de-leão (m)	တောပန်းအဝါတစ်မျိုး	to: ban: awa ti' mjou:
camomila (f)	မေမြို့ပန်း	mei. mjou. ban:
aloé (m)	ရှားစောင်းလက်ပတ်ပင်	sha: zaun: le' pa' pin
cato (m)	ရှားစောင်းပင်	sha: zaun: bin
fícus (m)	ရော်ဘာပင်	jo ba bin
lírio (m)	နှင်းပန်း	hnin: ban:
gerânio (m)	ကြွေပန်းတစ်မျိုး	kjwei ban: da' mjou:
jacinto (m)	ဘေဒါပန်း	bei da ba:
mimosa (f)	ထိကနှုံးကြီးပင်	hti. ga. joun: gji: bin
narciso (m)	နာ:စီဆတ်ပင်	na: zi ze's pin
capuchinha (f)	တောင်ကြာကလေး	taun gja galei:
orquídea (f)	သစ်ခွပင်	thi' khwa. bin
peónia (f)	စန်ဒပန်း	san dapan:
violeta (f)	ဗိုင်းအိုးလက်	bain: ou le'
amor-perfeito (m)	ပေါင်ဒါပန်း	paun da ban:
não-me-esqueças (m)	ခင်မမေ့ပန်း	khin ma. mei. pan:
margarida (f)	ဒေစီပန်း	dei zi bin
papoula (f)	ဘိန်းပင်	bin: bin
cânhamo (m)	ဆေးခြောက်ပင်	hsei: chau' pin
hortelã (f)	ပူစီနံ	pu zi nan
lírio-do-vale (m)	နှင်းပန်းတစ်မျိုး	hnin: ban: di' mjou:
campânula-branca (f)	နှင်းခေါင်းလောင်းပန်း	hnin: gaun: laun: ban:
urtiga (f)	ဖက်ယားပင်	hpe' ja: bin
azeda (f)	မှော်ချဉ်ပင်	hmjo gji bin
nenúfar (m)	ကြာ	kja
feto (m), samambaia (f)	ဖန်းပင်	hpan: bin
líquen (m)	သစ်ကပ်မှော်	thi' ka' hmo
estufa (f)	ဖန်လုံအိမ်	hpan ain
relvado (m)	မြက်ခင်း	mje' khin:
canteiro (m) de flores	ပန်းစိုက်ခင်း	pan: zai' khan:
planta (f)	အပင်	apin
erva (f)	မြက်	mje'
folha (f) de erva	ရွက်ရှည်	jwe' chun:

folha (f)	အရွက်	ajwa'
pétala (f)	ပွင့်ချပ်	pwin: gja'
talo (m)	ပင်စည်	pin ze
tubérculo (m)	ဥမြစ်	u. mi'
broto, rebento (m)	အစို့အညှောက်	asou./a hnjau'
espinho (m)	ဆူး	hsu:
florescer (vi)	ပွင့်သည်	pwin: de
murchar (vi)	ညှိုးနွမ်းသည်	hnjou: nun: de
cheiro (m)	အနံ့	anan.
cortar (flores)	ရိတ်သည်	jei' te
colher (uma flor)	ခူးသည်	khu: de

146. Cereais, grãos

grão (m)	နှံစားပင်တို့၏ အစေ့အဆန်	hnan za: bin dou. i. asei. ahsan
cereais (plantas)	ကောက်ပဲသီးနှံ	kau' pe: dhi: nan
espiga (f)	အနှံ	ahnan
trigo (m)	ဂျုံ	gja. mei: ka:
centeio (m)	ဂျုံရိုင်း	gjoun jain:
aveia (f)	မျင်းစားဂျုံ	mjin: za: gjoun
milho-miúdo (m)	ကောက်ပဲသီးနှံပင်	kau' pe: dhi: nan bin
cevada (f)	မုယောစပါး	mu. jo za. ba:
milho (m)	ပြောင်းဖူး	pjaun: bu:
arroz (m)	ဆန်စပါး	hsan zaba
trigo-sarraceno (m)	ပန်းဂျုံ	pan: gjun
ervilha (f)	ပဲစေ့	pe: zei.
feijão (m)	ပဲလီစားပဲ	bou za: be:
soja (f)	ပဲပုပ်ပဲ	pe: bou' pe
lentilha (f)	ပဲနီကလေး	pe: ni ga. lei:
fava (f)	ပဲအမျိုးမျိုး	pe: amjou: mjou:

PAÍSES. NACIONALIDADES

147. Europa Ocidental

Europa (f)	ဥရောပ	u. jo: pa
União (f) Europeia	ဥရောပသမဂ္ဂ	u. jo: pa dha: me' ga.
Áustria (f)	ဩစတြီးယား	o. sa. tji: ja:
Grã-Bretanha (f)	အင်္ဂလန်	angga. lan
Inglaterra (f)	အင်္ဂလန်	angga. lan
Bélgica (f)	ဘယ်လ်ဂျီယံ	be l gji jan
Alemanha (f)	ဂျာမန်	gja man
Países (m pl) Baixos	နယ်သာလန်	ne dha lan
Holanda (f)	ဟော်လန်	ho lan
Grécia (f)	ဂရိ	ga. ri.
Dinamarca (f)	ဒိန်းမတ်	dein: ma'
Irlanda (f)	အိုင်ယာလန်	ain ja lan
Islândia (f)	အိုက်စလန်း	ai' sa lan:
Espanha (f)	စပိန်	sapein
Itália (f)	အီတာလီ	ita. li
Chipre (m)	ဆူးပရက်စ်	hsu: pa. je' s te.
Malta (f)	မာတာ	ma ta
Noruega (f)	နော်ဝေး	no wei:
Portugal (m)	ပေါ်တူဂီ	po tu gi
Finlândia (f)	ဖင်လန်	hpin lan
França (f)	ပြင်သစ်	pjin dhi'
Suécia (f)	ဆွီဒင်	hswi din
Suíça (f)	ဆွစ်ဇာလန်	hswa' za lan
Escócia (f)	စကော့တလန်	sa. ko: talan
Vaticano (m)	ဘာတီကန်	ba di gan
Liechtenstein (m)	ဘာတီကန်လူမျိုး	ba di gan dhu mjo:
Luxemburgo (m)	လူဇင်ဘော့	lju hsan bo.
Mónaco (m)	မိုနာကို	mou na kou

148. Europa Central e de Leste

Albânia (f)	အယ်လ်ဘေးနီးယား	e l bei: ni: ja:
Bulgária (f)	ဘူလ်ဂေးရီးယား	bou gei: ji: ja
Hungria (f)	ဟန်ဂေရီ	han gei ji
Letónia (f)	လတ်ဗီယန်	la' bi jan
Lituânia (f)	လစ်သူနီယံ	li' thu ni jan
Polónia (f)	ပိုလန်	pou lan

Roménia (f)	ရုမေးနီးယား	ru mei: ni: ja:
Sérvia (f)	ဆယ်ဗီယ်	hse bi jan.
Eslováquia (f)	ဆလိုဘာကီယာ	hsa. lou ba ki ja
Croácia (f)	ခရိုအေးရှား	kha. jou ei: sha:
República (f) Checa	ချက်	che'
Estónia (f)	အက်စ်တိုးနီးယား	e's to' ni: ja:
Bósnia e Herzegovina (f)	ဘော့စ်နီးယားနှင့်ဟာဇီဂိုဗီနာ	bo'. ni: ja: hnin. ha zi gou bi na
Macedónia (f)	မက်စီဒီးနီးယား	me' hsi: dou: ni: ja:
Eslovénia (f)	ဆလိုဗီနီးယား	hsa. lou bi ni: ja:
Montenegro (m)	မွန်တန်နီဂရို	mun dan ni ga. jou

149. Países da ex-URSS

Azerbaijão (m)	အာဇာဘိုင်ဂျန်	a za bain gjin:
Arménia (f)	အာမေးနီးယား	a me: ni: ja:
Bielorrússia (f)	ဘီလာရုစ်	bi la ju'
Geórgia (f)	ဂျော်ဂျီယာ	gjo gji ja
Cazaquistão (m)	ကာဇက်စတန်	ka ze' satan
Quirguistão (m)	ကစ်ဂျီကစ္စတန်	ki' ji ki' za. tan
Moldávia (f)	မိုဒိုရာ	mou dou ja
Rússia (f)	ရုရှား	ru. sha:
Ucrânia (f)	ယူကရိန်း	ju ka. jein:
Tajiquistão (m)	တာဂျစ်ကစ္စတန်	ta gji' ki' sa. tan
Turquemenistão (m)	တခ်မင်နီစ္စတန်	ta' min ni' sa. tan
Uzbequistão (f)	ဥဘေကစ္စတန်	u. za. be' ki' sa. tan

150. Asia

Ásia (f)	အာရှ	a sha.
Vietname (m)	ဗီယက်နမ်	bi je' nan
Índia (f)	အိန္ဒိယ	indi. ja
Israel (m)	အစ္စရေး	a' sa. jei:
China (f)	တရုတ်	tajou'
Líbano (m)	လက်ဘနွန်	le' ba. nun
Mongólia (f)	မွန်ဂိုလီးယား	mun gou li: ja:
Malásia (f)	မလေးရှား	ma. lei: sha:
Paquistão (m)	ပါကစ္စတန်	pa ki' sa. tan
Arábia (f) Saudita	ဆော်ဒီအာရေဗီးယား	hso: di a jei. bi: ja:
Tailândia (f)	ထိုင်း	htain:
Taiwan (m)	ထိုင်ဝမ်	htain wan
Turquia (f)	တူရကီ	tu ra. ki
Japão (m)	ဂျပန်	gja pan
Afeganistão (m)	အာဖဂန်နစ္စတန်	apha. gan na' tan

Bangladesh (m)	ဘင်္ဂလားဒေ့ရှ်	bang la: dei. sh
Indonésia (f)	အင်ဒိုနီးရှား	in do ni: sha:
Jordânia (f)	ဂျော်ဒန်	gjo dan

Iraque (m)	အီရတ်	ira'
Irão (m)	အီရန်	iran

Camboja (f)	ကမ္ဘောဒီးယား	ga khan ba di: ja:
Kuwait (m)	ကူဝိတ်	ku wi'

Laos (m)	လာအို	la ou
Myanmar (m), Birmânia (f)	မြန်မာ	mjan ma
Nepal (m)	နီပေါ	ni po:
Emirados Árabes Unidos	အာရပ်နိုင်ငံများ	a ra' nain ngan mja:

Síria (f)	ဆီးရီးယား	hsi: ji: ja:
Palestina (f)	ပါလက်စတိုင်း	pa le' sa tain:

Coreia do Sul (f)	တောင်ကိုရီးယား	taun kou ri: ja:
Coreia do Norte (f)	မြောက်ကိုရီးယား	mjau' kou ji: ja:

151. América do Norte

Estados Unidos da América	အမေရိကန် ပြည်ထောင်စု	amei ji kan pji htaun zu
Canadá (m)	ကနေဒါနိုင်ငံ	ka. nei da nain gan
México (m)	မက္ကဆီကိုနိုင်ငံ	me' ka. hsi kou nain ngan

152. América Central do Sul

Argentina (f)	အာဂျင်တီးနား	agin ti: na:
Brasil (m)	ဘရာဇီးလ်	ba. ra zi'l
Colômbia (f)	ကိုလံဘီးယား	kou lan: bi: ja:

Cuba (f)	ကျူးဘား	kju: ba:
Chile (m)	ချီလီ	chi li

Bolívia (f)	ဘိုလစ်ဗီးယား	bou la' bi: ja:
Venezuela (f)	ဗယ်နီဇွဲလာ	be ni zwe: la:

Paraguai (m)	ပါရာဂွေး	pa ja gwei:
Peru (m)	ပီရူး	pi ju:

Suriname (m)	ဆူရီနမ်း	hsu. ji nei:
Uruguai (m)	အူရူဂွေး	ou. ju gwei:
Equador (m)	အီကွေဒေါ	i kwei: do:

Bahamas (f pl)	ဘာဟားမက်	ba ha me'
Haiti (m)	ဟိုင်တီ	hain ti

República (f) Dominicana	ဒိုမီနီကန်	dou mi ni kan
Panamá (m)	ပနားမား	pa. na: ma:
Jamaica (f)	ဂျမေးကား	g'me:kaa:

153. Africa

Egito (m)	အီဂျစ်	igji'
Marrocos	မော်ရိုကို	mo jou gou
Tunísia (f)	တူနီးရှား	tu ni' sha:
Gana (f)	ဂါနာ	ga na
Zanzibar (m)	ဇန်ဇီဘာ	zan zi ba
Quénia (f)	ကင်ညာ	kin nja
Líbia (f)	လီဗီယာ	li bi ja
Madagáscar (m)	မာဒဂတ်ကာစကာ	ma de' ka za ga
Namíbia (f)	နမီးဘီးယား	nami: bi: ja:
Senegal (m)	ဆယ်နီဂေါ်	hse ni go
Tanzânia (f)	တန်ဇေးနီးယား	tan za: ni: ja:
África do Sul (f)	တောင်အာဖရိက	taun a hpa. ji. ka.

154. Austrália. Oceania

Austrália (f)	သြစတြေးလျ	thja za djei: lja
Nova Zelândia (f)	နယူးဇီလန်	na. ju: zi lan
Tasmânia (f)	တာစ်မေးနီးယား	ta. s mei: ni: ja:
Polinésia Francesa (f)	ပြင်သစ် ပေါ်လီးနီးရှား	pjin dhi' po li: ni: sha:

155. Cidades

Amesterdão	အမ်စတာဒမ်မြို့	an za ta dan mjou.
Ancara	အင်ကာရာမြို့	an ga ja mjou.
Atenas	အေသင်မြို့	e thin mjou.
Bagdade	ဘဂ္ဂဒတ်မြို့	ba' ga. da mjou.
Banguecoque	ဘန်ကောက်မြို့	ban gou' mjou.
Barcelona	ဘာစီလိုနာမြို့	ba zi lou na mjou.
Beirute	ဘီရွတ်မြို့	bi ja ju. mjou.
Berlim	ဘာလင်မြို့	ba lin mjou.
Bombaim	မွန်ဘိုင်းမြို့	mun bain mjou.
Bona	ဘွန်းမြို့	bwun: mjou.
Bordéus	ဘော်ဒိုးမြို့	bo dou: mjou.
Bratislava	ဘရာတာစ်လာဗာမြို့	ba. ra ta' hsa. la ba mjou.
Bruxelas	ဘရပ်ဆဲလ်မြို့	ba. ja' hse:' mjou.
Bucareste	ဘူးခရက်မြို့	bu: ga. ja' mjou.
Budapeste	ဘူဒါပတ်စ်မြို့	bu da pa' s mjou.
Cairo	ကိုင်ရိုမြို့	kain jou mjou.
Calcutá	ကာလကတ္တားမြို့	ka la ka' ta mjou.
Chicago	ချီကာဂိုမြို့	chi ka gou mjou.
Cidade do México	မတ္တဆီကိုမြို့	me' ka. hsi kou mjou.
Copenhaga	ကိုပင်ဟေးဂင်မြို့	kou pin hei: gin mjou.
Dar es Salaam	ဒါရုဆလမ်မြို့	da ju za. lan mjou.

Deli	ဒေလီမြို့	dei li mjou.
Dubai	ဒူဘိုင်းမြို့	du bain mjou.
Dublin, Dublim	ဒဗလင်မြို့	da' ba lin mjou.
Düsseldorf	ဂျူဆယ်ဒေါ်ဖ်မြို့	gju hse' do. hp mjou.
Estocolmo	စတော့ဟုမ်းမြို့	sato. houn: mjou.
Florença	ဖလောရန်စ်မြို့	hpa. lau jan s mjou.
Frankfurt	ဖရန့်ဖတ်မြို့	hpa. jan. hpa. t. mjou.
Genebra	ဂျနီဗာမြို့	gja. ni ba mjou.
Haia	ဒဟာဂူမြို့	da. ha gu: mjou.
Hamburgo	ဟန်းဘတ်မြို့	han: ba. k mjou.
Hanói	ဟနွိုင်းမြို့	ha. noin: mjou.
Havana	ဟာဗားနားမြို့	ha ba: na: mjou.
Helsínquia	ဟယ်လ်ဆင်ကီမြို့	he l hsin ki mjou.
Hiroshima	ဟီရိုရှီးမားမြို့	hi jou si: ma: mjou.
Hong Kong	ဟောင်ကောင်မြို့	haun: gaun: mjou.
Istambul	အစ္စတန်ဘူလ်မြို့	a' sa. tan bun mjou.
Jerusalém	ဂျေရုဆလင်မြို့	gjei jou hsa. lin mjou.
Kiev	ကီးယက်မြို့	ki: je' mjou.
Kuala Lumpur	ကွာလာလမ်ပူမြို့	kwa lan pu mjou.
Lisboa	လစ်စဘွန်းမြို့	li' sa bun: mjou.
Londres	လန်ဒန်မြို့	lan dan mjou.
Los Angeles	လော့အိန်ဂျဲလိစ်မြို့	lau in gja. li mjou.
Lion	လိုင်ယွန်မြို့	lain jun mjou.
Madrid	မတ်ဒရစ်မြို့	ma' da. ji' mjou.
Marselha	မာရ်ဆေးမြို့	ma zei: mjou.
Miami	မီရာမီမြို့	mi ja mi mjou.
Montreal	မွန်ထရီရယ်မြို့	mun da. ji je mjou.
Moscovo	မော်စကိုမြို့	ma sa. kou mjou.
Munique	မျူးနစ်မြို့	mju: ni' mjou.
Nairóbi	နိုင်ရိုဘီမြို့	nain jou bi mjo.
Nápoles	နီပေါ်မြို့	ni po: mjou.
Nice	နိုက်စ်မြို့	nai's mjou.
Nova York	နယူးယောက်မြို့	na. ju: jau' mjou.
Oslo	အော်စလိုမြို့	o sa lou mjou.
Ottawa	အော့တာဝါမြို့	o. ta wa mjou.
Paris	ပဲရစ်မြို့	pe: ji' mjou.
Pequim	ပီကင်းမြို့	pi gin: mjou.
Praga	ပရက်မြို့	pa. ra' mjou.
Rio de Janeiro	ရီရိုဒေးဂျန်နီရိုမြို့	ri jou dei: gjan ni jou mjou.
Roma	ရောမမြို့	ro: ma. mjou.
São Petersburgo	စိန့်ပီတာစဘတ်မြို့	sein. pi ta za ba' mjou.
Seul	ဆိုးလ်မြို့	hsou: l mjou.
Singapura	စင်္ကာပူ	sin ga pu
Sydney	စစ်ဒနေမြို့	si' danei mjou.
Taipé	တိုင်ပေမြို့	tain bei mjou.
Tóquio	တိုကျိုမြို့	tou gjou mjou.
Toronto	တိုရွန်တိုမြို့	tou run tou mjou.
Varsóvia	ဝါဆောမြို့	wa so mjou.

Veneza	ဝင်းနစ်စ်မြို့	bin: na' s mjou.
Viena	ဗီယင်နာမြို့	bi jin na mjou.
Washington	ဝါရှင်တန်မြို့	wa shin tan mjou.
Xangai	ရှန်ဟိုင်းမြို့	shan hain: mjou.

www.ingramcontent.com/pod-product-compliance
Lightning Source LLC
Chambersburg PA
CBHW070554050426
42450CB00011B/2863